MARCO POLO

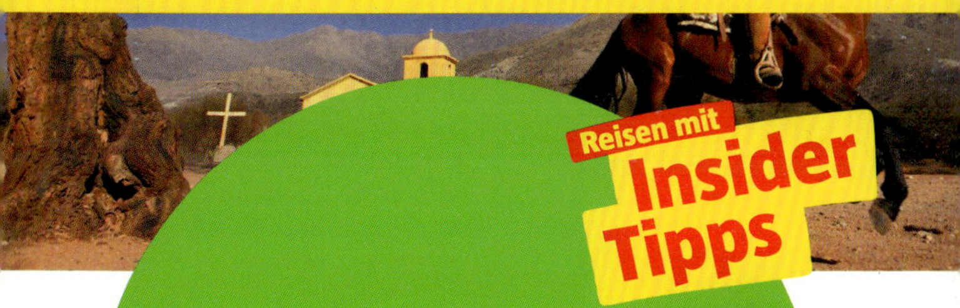
Reisen mit
Insider
Tipps

ARGENTINIEN

BUENOS AIRES

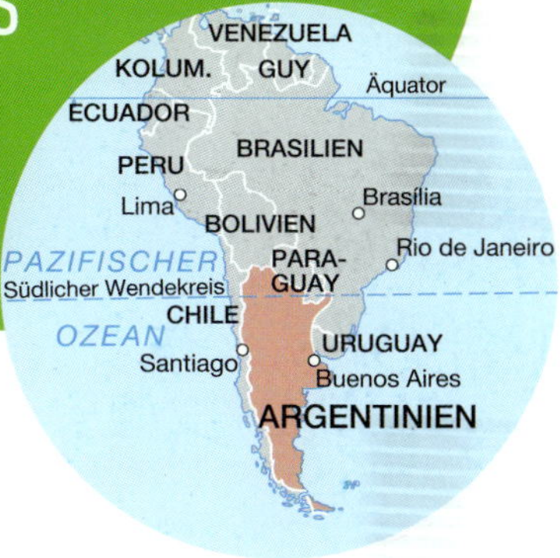
VENEZUELA
KOLUM.
GUY
Äquator
ECUADOR
BRASILIEN
PERU
Lima
Brasília
BOLIVIEN
PAZIFISCHER
PARA-
GUAY
Rio de Janeiro
Südlicher Wendekreis
CHILE
OZEAN
URUGUAY
Santiago
Buenos Aires
ARGENTINIEN

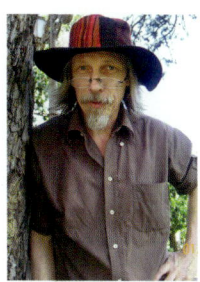

MARCO POLO Koautor
Juan Garff

Der Journalist Juan Garff ist dpa-Korrespondent in Argentinien und hat für die wichtigsten argentinischen Zeitungen als Theaterkritiker gearbeitet. Sohn eines Deutschen und einer Finnin, verheiratet mit einer Spanierin, hat er ein feines Gespür für den Blick des Ausländers im fremden Land gewonnen. Seit 20 Jahren schreibt er für führende Verlage (Geo, DuMont, MARCO POLO) über Reisethemen.

www.marcopolo.de/argentinien

Die besten Insider-Tipps → S. 4

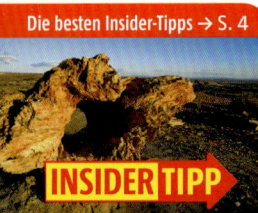

INSIDER TIPP

Best of ... → S. 6

Buenos Aires → S. 32

Die Ostküste → S. 54

SYMBOLE

INSIDER TIPP   Insider-Tipp

★   Highlight

● ● ● ●   Best of ...

☼   Schöne Aussicht

   Grün & fair: für ökologi-
sche oder faire Aspekte

(*)   kostenpflichtige
Telefonnummer

**PREISKATEGORIEN
HOTELS**

€€€   über 60 Euro

€€   30–60 Euro

€   unter 30 Euro

Die Preise gelten pro Nacht
für ein Doppelzimmer mit
Frühstück in der Hochsaison

**PREISKATEGORIEN
RESTAURANTS**

€€€   über 20 Euro

€€   10–20 Euro

€   unter 10 Euro

Die Preise beziehen sich auf
ein Menü mit Brot, Vorspeise,
Hauptgericht, Nachtisch und
Tischwein

INHALT

Der Nordwesten → S. 62

Das Zweistromland → S. 78

Patagonien und Feuerland → S. 90

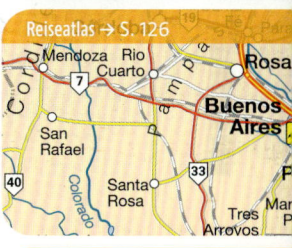
Reiseatlas → S. 126

GUT ZU WISSEN
Geschichtstabelle → S. 12
Spezialitäten → S. 26
Sicher durch Buenos Aires
→ S. 43
Retro auf argentinisch → S. 46
Bücher & Filme → S. 84
Gold oder Gletscher? → S. 97
Währungsrechner → S. 117
Was kostet wie viel? → S. 119
Wetter in Buenos Aires
→ S. 120
Aussprache → S. 122

KARTEN IM BAND
(128 A1) Seitenzahlen und
Koordinaten verweisen auf
den Reiseatlas
(U A1) Koordinaten für die
Karte von Buenos Aires im
hinteren Umschlag
(0) Ort/Adresse liegt außerhalb des Kartenausschnitts
Es sind auch die Objekte mit
Koordinaten versehen, die
nicht im Reiseatlas stehen

UMSCHLAG HINTEN:
FALTKARTE ZUM
HERAUSNEHMEN →

FALTKARTE 🗺
(🗺 A–B 2–3) verweist auf
die herausnehmbare Falt-
karte
(🗺 a–b 2–3) verweist auf
die Zusatzkarte auf der Falt-
kartenrückseite

Die besten MARCO POLO Insider-Tipps

Von allen Insider-Tipps finden Sie hier die 15 besten

INSIDER TIPP Moderne Kunst mit Ausblick und in historischen Gebäuden

Internationale Avantgarde in privilegierten Ausstellungssälen: Das finden Sie in Buenos Aires in der Fundación Proa mit herrlichem Blick von der Terrasse auf das La-Boca-Viertel und in einer ehemaligen Zigarettenfabrik in San Telmo, die seit kurzem Sitz des MAMBA ist → S. 38

INSIDER TIPP Die anderen Wasserfälle

Am Río Uruguay an der brasilianischen Grenze in Misiones erstrecken sich auf 3 km Breite die Wasserfälle der Saltos del Moconá, umgeben vom Urwald – und ohne den Touristenandrang der noch etwas weiter nördlich gelegenen, weltbekannten Iguazú-Fälle → S. 89

INSIDER TIPP Stonehunting und Wasserschweine

Der Fluss Uruguay schwemmt Halbedelsteine wie Achate an und bietet Lebensraum für die riesigen Nager → S. 81

INSIDER TIPP Einladung zum Tangotanz

Im Club Sunderland wird tagsüber Fußball gespielt und abends Tango getanzt. Stars beider Disziplinen haben ihre ersten Schritte in der unscheinbaren Sporthalle eines abgelegenen Stadtteils in Buenos Aires gelernt → S. 49

INSIDER TIPP Da tauchen Sie ab!

Algenwälder und Schiffswracks, Seelöwen und Wale: Die submarine Welt an Patagoniens Küste vor Puerto Madryn und um die Halbinsel Valdés ist prädestiniert zum Tauchen und eignet sich für Anfänger wie für Fortgeschrittene (Foto o.) → S. 107

INSIDER TIPP Lamarippchen und Quinoa

Das wiederentdeckte Getreide aus den Anden und andere Spezialitäten des argentinischen Nordwestens bekommen Sie im Restaurant Design in Salta – und zwar auf Gourmetniveau → S. 72

BEST OF ...

SPAREN

● *Buenos Aires in O-Tönen*
Wollen Sie einmal Juan Perón auf der Plaza de Mayo sprechen oder Carlos Gardel im Tangoviertel Abasto singen hören? Die *Stadtführungen* in Buenos Aires im MP3-Format machens möglich! → **S. 38**

● *Musik und Workout am Strand*
Am Spätnachmittag geht es los: Vor den Strandrestaurants in Pinamar machen Hunderte bei den Fitnesssessions zu Musik mit. Und dann geht das „Après Beach" weiter mit Gratiskonzerten der lokalen Rock-, Reggae- und Popheroen wie Babasónicos, Vicentico oder Los Cafres → **S. 58**

● *Birdwatching am Atlantik*
An der Südspitze der Bahía de Samborombón befindet sich eine Kreuzung verschiedener Zugvogelwege – ideal zum Beobachten und Fotografieren von Flussseeschwalbe, Wasserläufer, Regenpfeifer & Co. in der gratis zugänglichen *Reserva Punta Rasa* → **S. 61**

● *Recoleta-Friedhof*
Die ganz umsonst zugängliche Totenstadt im feinsten Stadtteil von Buenos Aires verrät in den Skulpturen mancher der monumentalen Gräber Details aus dem Leben der Verstorbenen. Bei anderen geht es darum, deren einstige Macht auf Erden zu veranschaulichen (Foto) → **S. 41**

● *Gratisflug nach Córdoba*
Wer mit Aerolíneas Argentinas nach Argentinien fliegt, kann für denselben Preis ein Ticket bis Córdoba kaufen, das einen Zwischenaufenthalt in Buenos Aires erlaubt. Auch andere Inlandsflüge sind bei Aerolíneas Argentinas billiger, wenn Sie mit derselben Fluglinie schon über den Atlantik gekommen sind → **S. 119**

● *Das größte Kunstmuseum*
Im *Museo de Bellas Artes* in Buenos Aires wird kein Eintrittsgeld erhoben. So können Sie die umfangreichen Sammlungen ohne zusätzliche Kosten in mehreren Teilbesuchen bewundern → **S. 38**

● ● ● ● Diese Punkte zeichnen in den folgenden Kapiteln die Best-of-Hinweise aus

Ein Land der Pferde
2 Mio. Pferde soll es in Argentinien geben. Auf den *estancias* in der Provinz Buenos Aires sind Ausritte ein Muss. Und in den Anden sind Pferde die besten Besteiger der Bergpfade → S. 52, 68

Fußball in La Boca
Fußball wird überall gespielt, auf dem Parkgras, am Strand und natürlich in den Stadien. Nichts geht aber über das Erlebnis eines Derbys in der *Bombonera,* dem Stadion von Boca Juniors, wenn der Erzrivale River Plate zu Gast ist → S. 106

Tango
Fein herausgeputzte Paare, die bei Tageslicht ihre Großelternrolle ausüben, ziehen beschwingt über den Tanzboden. Junge Damen lassen sich vom präzisen Takt erfahrener Tänzer führen. Und wer nicht tanzen möchte oder kann, genießt die Musik bei einem Glas Wein im *Torquato Tasso* in Buenos Aires → S. 49

Trekking in den Anden
Im Wanderparadies um den kleinen patagonischen Ort El Chaltén gibt es Dutzende leicht begehbare und klar gekennzeichnete Trekkingpfade um die kolossalen Gipfel des *Cerro Fitz Roy* (Foto) → S. 93

Asado
Nirgends ist Fleisch schmackhafter als in Argentinien, vor allem, wenn es auf der *parrilla* oder am Grillspieß sachgemäß zubereitet wird. Das Geheimnis: Die Rinder weiden das ganze Jahr frei auf den weiten Grasflächen der Pampa. Stilecht genießen Sie ein *asado* auf einer *estancia.* Aber auch in jedem Ort finden Sie *parrillas* (Grillhäuser) → S. 52

Indianermärkte
Es sind meist Frauen, die ihre Webwaren, Tongefäße und anderes Kunsthandwerk zum Verkauf ausstellen. In *Purmamarca* können Sie u. a. farbige Westen, Kinderjacken und breitkrempige Hüte erwerben → S. 76

Wale und Pinguine
Ein Wal oder eine Million Pinguine: Beide Bilder sind typisch für die patagonische Küste. Aber auch Seeelefanten und Schwertwale können Sie rings um die *Halbinsel Valdés* bestaunen → S. 96

TYPISCH

BEST OF ...

REGEN

● *Ein Tee im Kunstmuseum*
Das Café im *Malba* in der Hauptstadt bietet Ihnen auch bei Regenwetter einen schönen Ausblick durch seine Fensterwand → **S. 37**

● *Ökomuseum in Puerto Madryn*
Im modernen *Ecocentro Mar Patagonia* können Sie statt dem Rauschen des Regens dem Gesang der Wale lauschen → **S. 97**

● *Mumien in Salta*
Im *Museo de Arqueología de Alta Montaña* können Sie eine virtuelle Tour unternehmen, um die heilige Inkastätte der Kindermumien auf dem Vulkan Llullaillaco kennenzulernen → **S. 72**

● *Auf den Spuren der Schmuggler*
Aufregend: Unter der *Manzana de las Luces,* dem Gebäudeblock, auf dem die älteste Kirche von Buenos Aires steht, beginnt ein Tunnelnetz, durch das vor über 200 Jahren Schmuggler ihre Waren transportierten und Politiker vor Unruhen flüchteten → **S. 37**

● *Wasser von allen Seiten*
Die Regenmonate Januar und Februar sind auch die, in denen die *Wasserfälle von Iguazú* am spektakulärsten tosen. Nass werden Sie im Schlauchboot sowieso – und die Sonne scheint bestimmt bald wieder in sommerlicher Tropenstärke → **S. 88**

● *Mit der Dampflok durch Patagonien*
Von Esquel aus fährt der legendäre *Patagonia Express* durch die Steppe – und Sie sitzen gemütlich im Trockenen → **S. 103**

● *Theater in Buenos Aires*
Um die 200 (Musik-)Theater zählt Buenos Aires, von der Oper im Teatro Colón (Foto) bis zum Independent-Theater im Camarín de las Musas – da ist garantiert auch für Sie etwas dabei! → **S. 50**

● Kolibris in Tigre
Mit dem „Wasseromnibus" geht es durch die Deltakanäle bis zur Insel im Unesco-Biosphärenreservat. In den Hängematten und Liegestühlen des *Los Pecanes* können Sie Stunden damit verbringen, das Schwirren der vier verschiedenen Kolibriarten zu beobachten, die dort an den Nektarnäpfen naschen → S. 53

● Tee und Sushi im Japanischen Garten
Über Karpfenteiche und unter Magnolienbäumen hindurch spazieren Sie gemächlich zum Teehaus im *Jardín Japonés* in Buenos Aires, der an Werktagen orientalische Ruhe ausstrahlt (Foto) → S. 39

● Bergidylle in Candonga
So geht Entspannung: Unten am Bach trifft man sich im Schatten der Bäume zum Frühstück in der *Posada Las Perdices.* Die Hauswirte setzen sich manchmal zum zweiten Kaffee dazu, und im Hintergrund blöken die Schafe → S. 66

● Chillout in Buenos Aires
Wunderbar runterkommen lässt es sich bei guten Drinks und zahlreichen Weinen an der Theke der *Gran Bar Danzón.* Oder – wenn Sie früh genug reservieren! – beim Abendessen am Fenstertisch in der ersten Etage → S. 49

● Im Schwebflug über Argentiniens Weinregion
Mit dem Heißluftballon schweben Sie lautlos über die Weinstöcke, auf 60 m Höhe, mit den majestätischen Gipfeln der Anden im Hintergrund und einem Glas Sekt zum Anstoßen. Und im Keller des Weinguts *Familia Zuccardi* können Sie anschließend die besten Tropfen des Betriebs verkosten, etwa den dunkelvioletten Malbec Santa Julia → S. 71

● Zen im Bergspa
Die patagonischen Seen und Wälder bieten das geeignete Ambiente für Yoga und Tai-Chi im *Lahuen Co* im Schatten des Vulkans Lanín an der chilenischen Grenze → S. 93

AUFTAKT

ENTDECKEN SIE ARGENTINIEN!

Tango und Patagonien: Das sind die beiden häufigsten Assoziationen zu Argentinien, die das Land weltweit einmalig machen. Zwischen der Intimität des Tanzes in der Metropole Buenos Aires und der immensen Einsamkeit Patagoniens finden Reisende in ein und demselben Land ganze Welten: das Echo der inkaischen Zivilisation in der Puna, der Hochebene des Nordwestens; die tropische Exotik um die Wasserfälle von Iguazú; die Weinrouten in Mendoza und Salta; die Spuren der spanischen Kolonial-herrschaft in Córdoba … und all dies auf einem für Europäer allgemein günstigen Preisniveau.

Nach Brasilien ist Argentinien der zweitgrößte Staat Südamerikas. 3700 km liegen zwischen der nördlichsten und der südlichsten Stadt des Landes, 1423 km misst seine größte west-östliche Ausdehnung – Platz genug für ein höchst abwechslungsreiches Angebot an Städten, Landschaftsformen und Klimazonen. Dabei teilen sich nur gut 40 Mio. Ew. die 2,8 Mio. km^2 Gesamtfläche. Von diesen wiederum leben allein 12,8 Mio. im Großraum Buenos Aires, das heißt in der Hauptstadt und dem Ring von

Bild: Cerro Fitz Roy im Nationalpark Los Glaciares in Patagonien

Vorstädten, der sie umgibt. Ansonsten ist das weite Land dünn besiedelt.

Zwischen dem 22. und dem 55. Grad südlicher Breite bietet Argentinien alle erdenklichen Lebensräume: tropische Regenwälder im äußersten Nordosten, Kakteenwüsten im Hochland der Anden bei Jujuy, blau gleißende Gletscherfelder in der Patagonischen Kordillere, unglaubliche Weiten der Pampa und die atemraubende patagonische Hochebene. Die Anden locken mit zerklüfteten Massiven. Der König unter den Bergen heißt Aconcagua; er wirft seinen Schatten aus einer Höhe von 6960 m auf die Provinzhauptstadt Mendoza.

Entgegen den Verhältnissen in Europa nehmen hier die Wärmegrade von Nord nach Süd kontinuierlich ab. In Ushuaia auf Feuerland, der südlichsten Stadt der Erde, zeigt das Thermometer mit einer sommerlichen Temperatur von 12 Grad gut 15 Grad weniger an als in der Hauptstadt Buenos Aires am Río de la Plata. Richtig heiß wird es im Sommer (November–Februar) in den Hochanden, der Puna. Bei 40 Grad im Schatten wird die Siesta von den Coyaindianern, den Nachfahren der Inkas im Nordwesten Argentiniens, verständlicherweise streng eingehalten. Auch im äußersten Nordosten, dem tropischen Misiones, geht nachmittags nichts mehr. Mit einer Luftfeuchtigkeit von bis zu 90 Prozent kann es an den spektakulären Wasserfällen von Iguazú richtig drückend werden. Hier im Grenzgebiet zu Brasilien und Paraguay stürzen sich 275 einzelne Wasserfälle tosend in eine über 70 m tiefe Schlucht – eines der ganz großen Naturschauspiele dieser Welt.

Regenwälder und Kakteenwüsten im Norden …

16.–18. Jh.
Der Spanier Juan Díaz de Solis entdeckt 1516 die Mündung des Río de la Plata. Buenos Aires, 1580 gegründet, wird 1776 Hauptstadt des Vizekönigreichs Río de la Plata (heutiges Argentinien, Uruguay, Bolivien, Paraguay und Teile Brasiliens)

1816
Das Vizekönigreich erklärt sich unabhängig von Spanien. Uruguay, Bolivien und Paraguay spalten sich ab

1880
Durch Einwanderer aus der Alten Welt Entwicklung zur Kornkammer Europas

1930
Soziale Unruhen nach der Weltwirtschaftskrise 1929.

Im Westen liegt im Schutz der Andenkette Argentiniens Weinbauprovinz Mendoza

Salta im Nordwesten des Landes zählt zu den landschaftlich, historisch und kulturell interessantesten Provinzen. Hier sind noch viele spanische Kolonialbauten erhalten. Eine weitere Attraktion ist der Zug in die Wolken, *el Tren a las Nubes,* der auf 185 km eine Steigung von 2800 Höhenmetern überwindet.

Im sonnigen Weinanbaugebiet Mendoza und San Juan reifen argentinische Spitzenweine. Im Süden des Landes, in Patagonien, bedecken karge Steppen das weite Tafelland, das mit felsiger Steilküste zum Atlantik abfällt. Hier leben Magellanpinguine, Seeelefanten, Delphine, Seelöwen und gewaltige Bartenwale.

Die Hauptstadt Buenos Aires scheint völlig losgelöst von diesen urzeitlichen Landschaften zu existieren. Keine Großstadt Lateinamerikas ist kulturell, architektonisch und atmosphärisch europäischer geprägt als diese riesige Hafenstadt. Es heißt, die Einwohner der Metropole, die *porteños,* lebten mit dem Blick starr auf Europa gerichtet und kehrten dem restlichen Land den Rücken zu.

Der Militärputsch von General José Uriburu leitet eine Serie militärischer Interventionen ein

1946–55
Erste Regierung von Juan Domingo Perón. Ein Militärputsch zwingt Perón 1955 ins Exil nach Spanien

1955–83
Das Militär regiert direkt oder indirekt mit einem kurzen peronistischen Interregnum. Verfolgung und Ermordung Andersdenkender

1982
Die Niederlage im von der Militärregierung angezettelten Falklandkrieg gegen Großbritannien führt zur Selbstauflösung der Militärjunta und zu Wahlen

Argentinien hat wie die anderen lateinamerikanischen Staaten eine lange koloniale Vergangenheit. Seit 1535 gehörte es zum spanischen Kolonialreich, besaß aber keine Bodenschätze wie Bolivien oder Peru, und statt sesshafter Indianer, die Ackerbau betrieben, durchzogen jagende Nomaden das Land.

Den Kreolen, den Nachfahren der Spanier in Argentinien, verhalfen dennoch die aus Europa eingeführten Rinder und die exportintensive Viehwirtschaft zu Reichtum. Sie wehrten sich jedoch gegen die lästigen Handelsbeschränkungen des Mutterlands und erklärten 1816 ihre Unabhängigkeit von Spanien. Ein Großteil der Fläche des heutigen Argentinien war damals noch Territorium der Indianer. Zwei Militärfeldzüge in die „Wüste" – das „nur" von Indianern bewohnte Land – führten zur erbarmungslosen Vernichtung der Indianerbevölkerung. Gleichzeitig förderte man die Einwanderung aus Europa. So erlebte Argentinien zwischen 1880 und 1930 seine wirtschaftliche Blütezeit, die mit der Weltwirtschaftskrise 1929 endete. Das bis dahin funktionierende Import-Export-System brach abrupt zusammen.

> ... Gletscher und die Hochanden im Süden und Westen

Jene Zeit, in der Argentinien eine der großen Wirtschaftsmächte der Welt war, ist heute noch an den Palästen und öffentlichen Bauten zu erkennen, die die *Estanciero*-Elite damals errichten ließ. Die Residenzen in den schicken Vierteln von Buenos Aires, etwa Barrio Norte und Palermo Chico, sind heute Botschaften und Luxushotels. Und auf der Avenida de Mayo, dem Prachtboulevard der Hauptstadt, stehen noch die Hochhäuser, in denen die blühenden Exportgeschäfte abliefen. Das Teatro Colón, das ehemalige Hauptpostamt, die großen Bahnhöfe und die Parkanlagen zeugen ebenfalls von vergangenem Reichtum in Buenos Aires. Die *châteaux* auf den *estancias,* den großen Viehfarmen, sind der Höhepunkt des Prunks inmitten der Pampa. Einige sind heute dem Tourismus geöffnet.

Der erneute wirtschaftliche Aufschwung dank einer vom Staat geförderten Industrialisierung verhalf 1946 Oberst Juan Domingo Perón an die Macht. Er herrschte mit autoritären Zügen. Die Arbeiterschaft brachte er dennoch hinter sich, weil er ihr politische Teilhabe versprach. Ein Militärputsch im Jahr 1955 veranlasste Perón zum

1983–2001
Demokratisierungsprozess. Arbeitslosigkeit und Rezession nach vorübergehendem Aufschwung durch Privatisierungen führen 2001 zu einer schweren Wirtschaftskrise, die schließlich im Staatsbankrott endet

Ab 2003
Präsident Néstor Kirchners Mitte-links-Regierung führt das Land in einen starken Wirtschaftsaufschwung. Seine Ehefrau Cristina Fernández de Kirchner gewinnt die Wahlen 2007 und 2011

2012
Der Wirtschaftsboom hält auch in der internationalen Krise an, doch soziale Spannungen nehmen zu

Rücktritt. Danach begann eine Phase der wirtschaftlichen Instabilität und wechselnder Militärregierungen. Nach einer kurzen, zweiten Regierungszeit Peróns und seiner Frau Isabel (1973–1976) übernahm das Militär erneut die Macht. Diese Regierung übte bis 1983 eine blutige Diktatur aus, der Zehntausende Menschen zum Opfer fielen. Erst der verlorene Falklandkrieg, den Argentinien 1982 gegen Großbritannien angezettelt hatte, zwang die Militärjunta zur Selbstauflösung im Jahr 1983. Seitdem ist Argentinien eine föderalistische, republikanische Präsidialdemokratie.

Der Wirtschaftsaufschwung Anfang der Neunzigerjahre zog einen Bauboom nach sich. In den Städten entstanden riesige Einkaufspaläste, in Buenos Aires wurden die alten Hafendocks zur Flanier- und Amüsiermeile mit vielen schicken Restaurants, luxuriösen Hotels und teuren Loftwohnungen. Doch diese Entwicklung konnte nicht darüber hinwegtäuschen, dass sich Argentinien zu einer Zweidrittelgesellschaft entwickelt hat.

Nur einer von rund 50: Monolith im Parque de los Menhires bei Tafí

Ein Problem beim (im Übrigen immer wieder von Korruption begleiteten) Modernisierungsprozess sind fehlende soziale Ausgleichsmaßnahmen. Dennoch ist Präsidentin Cristina Fernández de Kirchner beliebt. Ein neuer Bauboom in den Städten, Exportrekorde der Landwirtschaft und gesunde Staatskonten erklären ih-

Amüsiermeilen in den Hafendocks der Tangometropole

ren Erfolg. Eine hohe Inflationsrate und Korruptionsskandale haben der Beliebtheit kaum Abbruch getan: 2011 wurde sie mit 54 Prozent der Stimmen wiedergewählt.

Heute ist Argentinien für Europäer nach wie vor ein preisgünstiges Reiseziel. Die Kehrseite: 25 Prozent der Bevölkerung leben immer noch unter der Armutsgrenze. Mit großem Improvisationstalent und viel Phantasie versuchen die Argentinier, Lücken im Servicebereich zu füllen. So können Exkursionen zu Pferd, im Jeep oder auf dem Wasser zu unvergesslichen Erlebnissen mit Mensch und Natur werden. Der Umweltschutzgedanke setzt sich auch im Touristikbereich immer mehr durch. Birdwatchingexkursionen und Trekking unter der Führung kundiger Ranger, die die verschiedenen Ökosysteme nahebringen, sind mittlerweile keine Seltenheit mehr.

IM TREND

1 Bunte Stadt

Pflanzguerillas Die *porteños* nehmen die Begrünung ihrer Stadt selbst in die Hand. Die *Articultores (www.articultores.net)* verstreuen Pflanzensamen an Straßenrändern und im Brachland. Für die Künstlergruppe *Appetite (Chacabuco 551, www.appetite.com.ar)* soll es nicht nur grün, sondern richtig bunt sein. Sie bringen Kunstinstallationen in den öffentlichen Raum ein. Auch das *Centro Cultural de España en Buenos Aires (Florida 943)* unterstützt die Pflanzguerillas dabei, die Stadt kreativer und grüner zu gestalten.

Schneesicher 2

Wintersport Feuerland lockt immer mehr Touristen an – mit exklusiven Skigebieten wie Castor Mountain *(www.argentinaski.com)* oder Schlittenhundtouren ins Tal der Wölfe *(Ruta 3 km 3019, Ushuaia, www.valledelobos.com)*. Durch die Weiten der Schneelandschaft führt Sie auch der *Club Andino Ushuaia (Fadul 50, www.clubandinoushuaia.com.ar)*, der spektakuläre Langlauftouren veranstaltet.

Berg-Boutiquehotels

3 **Übernachten** Von der Terrasse fällt der Blick auf verschneite Andengipfel, nebelverhangene Wälder oder das karge Weideland der Rinder. Alles andere als karg geht es in der Unterkunft zu: Luxuriöse Boutiquehotels sind Trend im argentinischen Hinterland. Prominenter Vertreter ist das *Eolo (Ruta Provincial N 11 km 23, El Calafate, www.eolo.com.ar, Foto)* im Nationalpark Los Glaciares. Nach einem Ausflug zu Pferd, dem Trekking oder einem Golfspiel entspannen die Gäste des *Patios de Cafayate (Ruta Nacional 40/Ruta Nacional 68, www.patiosdecafayate.com)* im Winespa. Hier werden lokale Produkte wie die Calchaquítrauben eingesetzt.

Argentina en bici

Mit dem Rad Bisher sind die Abenteurer noch in der Überzahl, die das Land in Wanderschuhen entdecken. Doch der Trend zum Fahrrad wächst. Insbesondere im Nahuel-Huapi-Nationalpark oder dem Corredor de los Lagos wird das Zweirad zum populären Fortbewegungsmittel. Wer hoch hinauswill, wendet sich an den Veranstalter *Biketeam Radreisen (www.biketeam-radreisen.de, Foto)*, mit dem sich u. a. die Anden überqueren lassen und der dank Low-Budget-Unterkünften günstiger ist als andere Anbieter. Wessen Beine bei so vielen Höhenmetern schlappmachen, radelt entlang des Paranáflusses von Rosario in Richtung Buenos Aires *(Rosario Bike, Zeballas 327, www.bikerosario.com.ar)*. In der Hauptstadt entdeckt man mit den Radguides von *4Rent (www.4rentargentina.com)* die Sehenswürdigkeiten.

Zug um Zug

Slow Food Hier ticken die Uhren anders. In ehemaligen Eisenbahnorten wie Carlos Keen wird das Essen über Stunden zelebriert, z. B. bei *Angelus (www.angelusrestaurant.com.ar)* neben der Kirche oder im Landrestaurant *Camino Abierto (13 km Richtung Luján)*. Auch in Tomás Jofré ist niemand in Eile, weil er noch einen Zug erwischen muss. Im *Cua-Cua (7 y 8)* spürt man das. Hier ist die Pasta hausgemacht, und das *asado* gart langsam vor sich hin. Salta ist bis heute Startpunkt einer Zugverbindung, des Tren a las Nubes. Bevor es an Bord des „Wolkenzugs" geht, lohnt ein Besuch der Künstlerkneipe *Boliche Balderrama (San Martín 1126)*. Kunst an den Wänden und Livemusik lassen die Abende hier lang werden.

STICHWORTE

BEVÖLKERUNG

Argentinien gilt als „weißes" Land Lateinamerikas. Dabei wird oft vergessen, dass es auch heute noch rund 850 000 Indianer 30 verschiedener Ethnien gibt, die allerdings immer weniger werden. Die Indianer Südargentiniens wurden im sogenannten Wüstenfeldzug General Rocas (1875–1879) weitgehend ausgerottet. Lediglich im Nordwesten sind noch Nachfahren der alten Inkakulturen zu finden, die Coyaindianer. Im äußersten Nordosten, in Misiones und Corrientes, kam es zu einem Kulturaustausch und zur Vermischung zwischen Spaniern und Guaraníindianern. Im 19. Jh. gesellten sich dann verschiedene Einwandererwellen aus Polen, Deutschland, Italien, Irland, der Schweiz und dem Nahen Osten zu den Nachfahren der spanischen Eroberer. In den beinahe drei Jahrhunderten bis zur Unabhängigkeit von Spanien entwickelte sich neben der kleinen Oberschicht von Kreolen – den bereits in Amerika geborenen Spaniern – auch eine große Gruppe von Mestizen, also Mischlingen von Weißen und Indianern.

CARTONEROS

Die *cartoneros,* die allgegenwärtigen Altpapiersammler, sind ein Zeichen der Verarmung, die das Land ab 2001 ergriffen hat. Ganze Familien von Arbeitslosen, die in besseren Zeiten zu den mittleren Einkommensschichten gehörten, ziehen mit alten Supermarktkarren durch die Straßen, um Altpapier, Kartons und Pappe zu sammeln. Auch durchwühlen

Bild: Markt in San Salvador de Jujuy

Gauchos, Pinguine und Cartoneros: ein argentinisches Mosaik mit Notizen zu Tierwelt und Tango, zu Pampa und Perón

viele die Müllcontainer auf der Suche nach verwertbaren Materialien. Sie haben das Recycling in Argentinien eingeführt.

FAUNA UND FLORA

Die Tierwelt Argentiniens ist so vielfältig wie seine Landschaften. Fast 1000 Vogelarten sind am argentinischen Himmel zu beobachten, vom winzigen Kolibri, der sogar in den Gärten von Buenos Aires sein Fingerhutnest baut, bis zum Kondor in den Anden und dem Albatros

an den Küsten Patagoniens, dessen Flügel bis zu 3 m Spannweite erreichen. In den Anden leben Lamas und deren langhaarige Verwandte, die Vikunjas. Im nördlichsten Bereich, der Puna, wachsen auf 3000 m Höhe Zwergsträucher, Polsterpflanzen und Kakteen, darunter der riesige Kandelaberkaktus. In Salta und Jujuy, an den ostandinen Gebirgshängen, blüht es dank vieler Niederschläge üppig. In Patagonien zieht sich im Windschutz der Anden ein breiter Gürtel von Südbuchenwäldern bis hin nach Feuerland.

Zur Küste hin erstreckt sich die Einöde der patagonischen Steppe, der sich nur wenige Tiere anzupassen vermochten: *guanacos* (die südlichen Verwandten der Lamas), *maras* (Pampahasen), Springmäuse, *peludos* (Gürteltiere) und *ñandúes* (kleine Straußenvögel), die sich von der kargen Vegetation ernähren, und andererseits die Raubtiere, die diese Arten jagen: Füchse und selten gewordene Pumas. Riesige Schafherden machen der einheimischen Tierwelt die Weidegründe streitig und zerstören die Steppe. An den Küsten Patagoniens tummeln sich unzählige Seeelefanten, Pinguine, Seelöwen, Robben und Delphine; gigantische Bartenwale suchen Zuflucht, um ihre Jungen aufzuziehen.

Zur natürlichen Vegetation der feuchten Pampa Húmeda gehören die büscheligen, hohen Hartgräser. Riesige Viehherden sind hier zu Hause. Auf der trockenen Pampa Seca herrschen Dornensträucher vor. Im äußersten Nordosten, im subtropischen Regenwald mit seinen bis zu 40 m hohen Baumriesen, wachsen Zedern, der rosa blühende *lapacho negro* und der *yerba*-Strauch, ein Stechpalmengewächs, aus dessen koffeinhaltigen, getrockneten Blättern der Matetee gewonnen wird. Hier leben Tukane, Kolibris, Geier, Papageien, Schmetterlinge, Waschbären, Kapuziner- und Brüllaffen, Wildkatzen und Tapire. Die Sümpfe um Corrientes sind Heimat des *yacarés,* des kleineren südamerikanischen Krokodils, und auch vieler Schlangen wie der gefürchteten *jararás* oder der Klapperschlangen.

GAUCHOS

Oft werden die modernen Viehtreiber Argentiniens, die *peones,* Gauchos genannt. Den eigentlichen Gaucho, den Mestizen, der sich fern von Recht und Gesetz in die Pampa zurückzog und als Outlaw verfolgt wurde, gibt es nur noch in der Literatur. Im 19. Jh. noch besungen in Werken wie „Martín Fierro", einem Gauchoepos von José Hernández, konnte er im Argentinien des 20. Jhs. und bei exportorientierter Viehwirtschaft nicht

Ein argentinischer Mythos: die Gauchos, Viehtreiber in den Weiten der Pampa

überleben. Der einst romantisierte Gaucho wurde nun als krimineller Viehdieb angesehen, falls er sich nicht in die neue Ordnung als Angestellter auf den *estancias* einfügte.

GAY-FRIENDLY

Im traditionell katholischen Argentinien sind seit 2010 Homoehen gleichgestellt mit denen heterosexueller Paare. Auffallendes Zeichen für einen gesellschaftlichen Wandel ist der Umstand, dass das entsprechende Gesetz im Land der Machokultur in deutlichem Einvernehmen mit der allgemeinen Stimmung der Bevölkerung verabschiedet wurde. Wenigstens in Buenos Aires herrscht eine weit verbreitete Toleranz gegenüber der sexuellen Ausrichtung eines jeden. Vor allem im Stadtviertel San Telmo findet das tolerante Klima seinen Ausdruck in Bars, Kleidungsgeschäften und Hotels wie dem Axel Hotel, das in Barcelona, Berlin und Buenos Aires seine ersten Häuser geöffnet hat; das Hotel dreht augenzwinkernd die normale Bezeichnung um und nennt sich *hetero-friendly* – Heterogäste sind ebenso willkommen.

GEOLOGIE

Argentinien verdankt seine eindrucksvolle Landschaft zwei erdgeschichtlich weit auseinander liegenden Perioden. Im äußersten Westen begrenzen die Anden das Land. Das junge Kettengebirge wurde erst im Tertiär durch die Kollision der Ostpazifischen mit der Südamerikanischen Platte aufgefaltet. Heute noch tätige Vulkane und immer wieder auftretende Erdbeben weisen darauf hin, dass die gewaltigen Platten nach wie vor in Bewegung sind. Aus der Erdfrühzeit, dem Präkambrium, stammen dagegen die kristallinen Platten: die Brasilianische und die Patagonische. Sie bildeten einst einen zusammenhängenden Block, wurden jedoch durch Senkungsvorgänge im Erdmittelalter (Mesozoikum) voneinander getrennt. Durch diese Absenkung entstand das große, zentrale Tiefland des südlichen Südamerika, die 600–1000 km breite Ebene des Gran Chaco und der Pampa. Südlich des zentralen Tieflands erstreckt sich das Patagonische Tafelland. In Feuerland setzen sich die Bergketten der Anden schließlich in Ost-West-Richtung fort, wenn auch bereits deutlich niedriger. Hier erreichen die Gipfel nur noch eine Höhe von etwa 1400 m, bedeckt von Gletschern und ewigem Eis.

INFLATION

Die Argentinier haben Ende der Achtzigerjahre eine traumatische Erfahrung mit der Hyperinflation durchgemacht. Darauf folgte in den Neunzigerjahren die Koppelung ihrer Währung an den Dollar. Die Preise im Land stiegen trotzdem, 2001 kam es zur großen Krise. Mit der brutalen Abwertung von 1:4 in einer kurzen Zeitspanne wurde Argentinien eines der preiswertesten Ziele für ausländische Reisende. Die schleichende Inflation ohne entsprechende Abwertung hat diesen Vorteil in den letzten Jahren teilweise wieder aufgefressen. Mit einer jährlichen Inflationsrate von rund 25 Prozent hängen die Preise für ausländische Besucher sehr vom ungleichmäßig schwankenden Euro-Peso-Kurs ab.

KLIMA

Argentinien weist eine Vielzahl unterschiedlicher Klimazonen auf. Im subtropischen Norden erreicht das Thermometer im Sommer oft eine Temperatur von 40 Grad, und auch die Sommer in Buenos Aires können mit bis zu 80 Prozent Luftfeuchtigkeit und Temperaturen von bis zu 35 Grad unangenehm heißfeucht werden, während man in Feuerland zur selben Zeit nur zwölf Grad misst.

Argentiniens Lage zwischen den Anden und dem Atlantik bestimmt die Niederschlagsmenge: Hochdruckgebiete über dem Atlantischen Ozean führen warme, feuchte Luft in den Nordosten, wo die höchsten Niederschläge des Landes mit bis zu 2000 mm im Jahr gemessen werden, mit kurzen, schweren Regenschauern im Sommer. Die Westwindzone bestimmt hingegen das Steppen- und Wüstenklima Patagoniens. Im Frühjahr und Herbst kommt es zu heftigen Stürmen. Regen wird jedoch von der 4000 m hohen Andenkordillere zurückgehalten. So fallen im patagonischen Osten oft nur um 200 mm Niederschlag im Jahr.

MILITÄR

Das Offizierskorps bildet eine eigene Kaste in der argentinischen Gesellschaft. Das Ansehen der Militärs hat nach den Menschenrechtsverletzungen der Diktatur 1976–1983 und dem verlorenen Falklandkrieg stark gelitten. In den letzten Jahren wurden die Menschenrechtsverletzungen der Militärdiktatur erneut untersucht. Nach wie vor besteht in Argentinien aber eine nationalistische Kultur, die sich sowohl in den Schulbüchern als auch in den Straßennamen widerspiegelt, die immer wieder die Rolle der Militärs hervorheben.

PERONISMUS

Von 1946 bis 1955 war Juan Domingo Perón (1895–1974) Präsident Argentiniens. Eine klare politische Linie hat seine Gerechtigkeitspartei, der *Partido Justicialista,* nicht. Durch ein Programm sozialer Reformen hatte Perón die Gewerkschaften und die Besitzlosen Argentiniens für sich gewinnen können. Seine Frau Evita, eine ehemalige Schauspielerin, die 1952 starb, förderte mit vehementen Parolen den Enthusiasmus seiner Anhänger. Bis heute wird sie von alten und neuen Peronisten als Vertreterin des „wahren Peronismus" verehrt. Peróns Einsatz für die Trennung von Kirche und Staat sowie die wirtschaftlichen Schwierigkeiten des Landes führten schließlich 1955 zum Putsch der Militärs. Perón wurde 1973 erneut zum Präsidenten gewählt. Nach seinem Tod 1974 hinterließ er ein innenpolitisches Chaos. Seine dritte Frau, Isabel, übernahm die Macht, wurde aber 1976 von einer Militärjunta gestürzt. Nach dem neoliberalen Kurs der peronistischen Regierung Menem in den Neunzigerjahren zeichnete sich mit dem ebenfalls peronistischen Präsidenten Néstor Kirchner seit 2003 ein Mitte-links-Trend ab. Seine Frau, Cristina Fernández de Kirchner, verfolgt denselben Kurs, nachdem sie die Präsidentschaftswahlen 2007 und 2011 mit großem Vorsprung gewann.

TANGO

Enrique Santos Discépolo, einer der bekanntesten Komponisten und Texter dieses Genres, bezeichnete den Tango als „einen traurigen Gedanken, den man tanzen kann". Diese Definition entstammt noch der Zeit, als der Tango in Bars und Bordellen als einstimmendes Vorspiel getanzt wurde. Der laszive Tanz entstand in den Hafenvierteln von Buenos Aires, in La Boca und San Telmo. Die Frage nach den Wurzeln des Tangos ist allerdings nicht geklärt. Er entstammt der kubanischen Habanera ebenso wie dem Tango Andaluz, der kultischen Tanzpantomime Candombé und der uruguayischen Milonga, einem Sängerwettstreit, in dem sich – genau wie im Tango – alles um verlassene Liebhaber dreht. Seine spezifische Stimmung erhielt der Tango schließlich durch das ebenfalls aus Europa eingeführte Bandoneon, eine Knopfharmonika. Die Schritte waren anrüchig und die Texte meist noch schlimmer. Gesellschaftliche Anerkennung fand der

Tanz erst, als 1907 in Paris die ersten Schallplattenaufnahmen gemacht wurden. Der Tango eroberte die Pariser Salons, und bald entstand eine orchestrale Salonversion der ehemaligen Spelunken-

haben große Tagebauprojekte in den Anden den Widerstand von Landwirten und Bewohnern der umliegenden Ortschaften geweckt, die sich um ihre Wasserquellen Sorge machen. Dem Tagebau

Der Tango lebt auch heute noch in den Straßen von Buenos Aires

musik. Heute gilt der Tango als Lied der Hauptstadt Buenos Aires. 24 Stunden am Tag sendet FM La 2 x 4 (Dos Por Cuatro) auf 92,7 Megahertz Milongas und Tangos, während im Kabelfernsehen der Sender Sólo Tango Konzerte, Interviews und Tanzstunden überträgt, und natürlich kann man in der Hauptstadt vielerorts das Tangotanzen lernen.

UMWELT

Der Wirtschaftsboom des ersten Jahrzehnts des neuen Jahrtausends hat zwei große Umweltprobleme aufgeworfen. Der enorme Anstieg des Sojaanbaus hat die Abholzung der Wälder zugunsten ausgedehnter Sojaplantagen gefördert. Die intensiven Sojapflanzungen laugen zudem den Boden schnell aus. Außerdem

wurden wenigstens in Gletscherregionen durch ein Gesetz Grenzen gezogen. In anderen Gegenden blockieren Demonstranten die Landstraßen, um den LKW-Verkehr zu den Minen zu stören. Der aktive Widerstand gegen die Bergbauprojekte steht in Kontrast zur Gleichgültigkeit, mit der die meisten Argentinier weiterhin mit ihrem Müll umgehen – trotz bisher nur halbherziger Initiativen der Stadtregierung von Buenos Aires, die langsam Recyclingtonnen auf die Straßen stellt. Auch im Energiesektor ist die Nutzung erneuerbarer Quellen nicht dem Potenzial eines Landes angemessen, in dem die patagonischen Winde unerlässlich blasen und die Sonne um den südlichen Wendekreis in der Puna im Nordwesten fast immer scheint.

ESSEN & TRINKEN

Nirgends sonst zeigt sich der Einfluss der verschiedenen Einwanderergruppen so deutlich wie in der argentinischen Küche. Beste sizilianische Pasta, hausgemachte *tallarines* (Bandnudeln) und die aus Kartoffelteig gekneteten *ñoquis* (in Italien heißen sie Gnocchi) wetteifern mit Pizzas in allen Varianten. Am besten schmeckt die auf der heißen Steinplatte gebackene *pizza a la piedra.*

Der arabischen Tradition, die sich teils über Spanien, teils direkt über Einwanderer aus Syrien und Libanon vor allem im Nordwesten Argentiniens ausbreitete, entstammen vor allem Süßigkeiten wie der *alfajor* (ein gefüllter Keks) in seinen verschiedenen regionalen Varianten. *Guisos* (Eintöpfe) erinnern an die spanischen Großmütter. Und schließlich lassen die Namen zahlreicher Vor- und Nachspeisen, wie etwa *ensalada rusa* (Kartoffelsalat mit Gemüse und Mayonnaise) oder *leberwurst* und *strudel,* die sogar ihren Namen behalten durften, die Geschichte der Einwanderer aus Weißrussland und Deutschland anklingen. Maisgerichte sind hauptsächlich im Nordwesten des Landes zu bekommen, wo heute noch Teile der Bevölkerung indianischen Ursprungs sind.

Das klassische Abendessen in Argentinien besteht aber aus einem saftigen Filet- oder Rumpsteak mit Salat. Die knapp 50 Mio. argentinischen Rinder liefern besonders schmackhaftes und BSE-freies Fleisch, weil sie das ganze Jahr im Freien leben, wo sie viel Auslauf haben und ausschließlich das zarte Pampagras fressen.

Asados, Guisos und Pasta: Traditionell Argentinisches und Gerichte der Einwandererküchen bieten kulinarische Erlebnisse

Zu einem ⭐ *asado* ist in Argentinien immer und überall Gelegenheit. Der Braten wird mancherorts noch am eisernen Spieß nicht über, sondern vor dem offenen Feuer geröstet – wie bei den Gauchos in alten Zeiten. Während man in Nord- und Zentralargentinien Rind bevorzugt, wird im Süden hauptsächlich Lammfleisch gegrillt.

Argentinier essen für mitteleuropäische Verhältnisse ausgesprochen spät zu Abend. Vor 21 Uhr bekommt man kaum etwas. Ein komplettes Abendessen beginnt mit einer *entrada* (Vorspeise). Der Hauptgang, der *plato principal,* enthält dann entweder ein Fleisch-, Fisch- oder Geflügelgericht oder Pasta. Der Salat dazu, die *ensalada,* muss oft extra geordert werden, genau wie die *guarniciones* (Beilagen). Das können *papas fritas* (Pommes frites), *papas naturales* (Salzkartoffeln) oder die erst vor Kurzem wiederentdeckten *papas andinas* sein (kleine Andenkartoffeln, wie sie von den Inkas geerntet wurden). Brot bringt der Kellner unaufgefordert gleich zu Anfang.

SPEZIALITÄTEN

▶ **alfajor** – zwei mit Schokolade oder Puderzucker belegte Kekshälften, die eine Schicht *dulce de leche* einbetten

▶ **arroz con leche** – Milchreis

▶ **bife de chorizo** – Rumpsteak, Rippensteak ohne Knochen (Foto li.)

▶ **budín de pan** – Brotpudding, mit Milch, Eiern und Rosinen zubereitet

▶ **carbonada** – Eintopf aus Kürbis, jungen Maiskolben, getrockneten oder frischen Pfirsichen und Fleisch

▶ **dulce de leche** – hellbraune, ziemlich süße Karamellcreme, die u. a. als Brotaufstrich sehr beliebt ist

▶ **empanadas** – Teigtaschen, mit Hackfleisch *(de carne),* Mais *(de choclo)* oder Schinken und Käse *(de jamón y queso)* gefüllt

▶ **facturas** – süße Gebäckstückchen zum Frühstück oder zum Nachmittagsmate oder -kaffee, von Berlinern *(bolas de fraile)* bis zu Croissants *(medialunas)*

▶ **humita** – gemahlener Mais, oft in Maisblätter eingebunden serviert

▶ **locro** – Mais, Kürbis, Fleisch und Schweinepfoten in dicker Eintopfsuppe (Foto re.)

▶ **matambre arrollado** – Rollbraten aus Rinderzwerchfell mit eingerolltem Gemüse und Ei. Der Name des flachen Fleischstücks *(mata hambre:* „Hungerkiller") entstand, als die Gauchos beim Schlachten diesen Teil des Rinds schnell als Imbiss zubereiteten, während die dickeren Fleischteile langsam auf dem Grill garten

▶ **mazamorra** – mit Zitronensaft angemachter Maisbrei

▶ **puchero** – Eintopf in klarer Brühe mit Gemüse und Rindfleisch

▶ **queso y dulce** – eine Scheibe Gouda, die mit einem gleich großen Stück festen Quitten- oder Süßkartoffelgelees belegt wird

▶ **tamales** – Maismehlgericht aus dem indianischen Nordwesten, wie *humita* in Maisblätter gewickelt, aber mit Hack, gekochtem Ei und Rosinen

Eine Spezialität, für die Sie etwas Zeit mitbringen sollten, ist die *parrillada criolla,* eine am offenen Holzkohlefeuer zubereitete Platte mit Fleisch, Würsten, Kalbsbries, Nieren und anderen Innereien. Die Grillplatte wird oft auf einem kleinen Ofen serviert, der die Stücke warm hält. Zum Nachtisch gibt es häufig *queso y dulce* oder hausgemachten *flan* (Karamellpudding) mit *dulce de leche* oder einfach nur ein *helado* (Eis) oder *ensalada de frutas* (Obstsalat).

Mittags bevorzugen Argentinier leichtere Mahlzeiten, etwa ein *bife con ensalada mixta* (Steak und Salat mit Tomate) oder eine *tortilla,* die spanische Variante des Kartoffelomeletts, oder *milanesas* (dünne Schnitzel) oder Hamburger auf Steakbasis, *lomitos,* oder einfach *tostadas de jamón y queso* (Toast mit Schinken und Käse).

Das Frühstück *(desayuno)* ist nicht der Rede wert. Argentinier trinken morgens zu Hause ihren Matetee und knabbern vielleicht noch einen Kräcker dazu. Im Hotel gibt es vor allem Kaffee, aber auch Tee, dazu werden *medialunas* (Hörnchen) oder *tostadas* gereicht. Außerdem kann man in Cafés und Bars jederzeit ein Frühstück ordern und befindet sich dabei in bester Gesellschaft, wenn die Argentinier ab etwa 10 Uhr dort ihren Brunch einnehmen.

Das traditionelle Getränk zum Essen ist Wein. Argentinien ist der sechstgrößte Weinproduzent weltweit. 73 Prozent der Anbauflächen liegen in der Provinz Mendoza, 17 Prozent in San Juan, fünf Prozent in Salta. Aber auch Bier wird zum Essen gereicht. Neben den einheimischen blonden Quilmes und Santa Fe kommen allerlei Importbiere auf den Tisch. Nach natürlichen Fruchtsäften werden Sie fast immer vergeblich fragen. Es gibt sie zwar im Supermarkt, aber in den meisten Restaurants bekommen Sie allenfalls Orangen- oder Pampelmusensaft. Angeboten werden hingegen die gängigen Limonaden und Mineralwasser.

Vegetarier hatten es bisher schwer in Argentinien. Bis heute gibt es oft keine anderen Alternativen als Pasta und Pizza, Pizza und Pasta. Erst in den letzten Jahren eröffnen – vor allem in Buenos Aires – immer mehr Restaurants, die einen neuen Trend setzen: nicht unbedingt rein vegetarischer Ausrichtung, aber mit der Verwendung viel frischer Früchte und Gemüse – nicht zuletzt auch dank der steigenden Anzahl europäischer und US-amerikanischer Besucher.

100 % Cabernet Sauvignon:
der Ruca Malen aus Mendoza

Auch in den Cafés gibt es eine Ausweitung des Sortiments vom einfachen Croissant zum Muffin und zum *frappuccino* auf der Couch. Allein die US-Kette Starbucks hat in fünf Jahren in Buenos Aires mehr als 30 Lokale eröffnet. Die Globalisierung, das charakteristische Merkmal der argentinischen Küche schon seit den ersten Einwandererwellen vor Jahrhunderten, hält an!

EINKAUFEN

In Argentinien wetteifert das kreolische Kunsthandwerk mit den farbenfrohen Arbeiten der Indianerstämme. Im Allgemeinen erstehen Sie indianische Teppiche und Keramikgegenstände sowie verarbeitetes Silber am günstigsten auf den Indianermärkten.

KUNSTHANDWERK

In Salta, Jujuy und um Buenos Aires verarbeiten die Nachfahren der Spanier in alter Tradition das Silber zu kostbaren Messern, Gürtelschnallen und Trinkgefäßen. In Salta kann man außerdem einen echten *poncho salteño* erstehen, den roten, leichten Umhang, der schon die Gauchos auf ihren Ausritten begleitete. Auf den Indianermärkten in Purmamarca und Humahuaca in der argentinischen Puna bieten Coyaindianer Teppiche, Holzschnitzereien und Töpferwaren nach inkaischem Vorbild an. Außerdem gibt es wunderschöne Pullover aus Schaf- oder Lamawolle, Holzflöten, Rasseln und andere indianische Rhythmusinstrumente. Im Süden können Sie in den patagonischen Anden mit etwas Glück handgewebte Wolldecken der Mapucheindianer erstehen. Man kann sich aber auch mit kleineren Souvenirs versorgen, wie etwa

einer *taba,* dem verzierten und mit Edelmetall reich beschlagenen Sprunggelenk der Kuh, das wie ein Würfel benutzt wird. Oder auch mit den *boleadoras,* dem aus Rohlederstreifen geflochtenen und mit drei lederumwickelten Steinkugeln bestückten Wurfseil, das die Gauchos von den Tehuelcheindianern übernommen haben: Zwei Kugeln kreisen um den Kopf, während die dritte im richtigen Moment losgelassen wird, um die Beine des Beutiers oder des einzufangenden Viehs zu umwickeln und es so zu Fall zu bringen.

LEDERWAREN

Noch liegen Lederjacken, -schuhe und -stiefel in Argentinien unter den internationalen Preisen. Im Land der Viehzucht ist Leder schon immer ein beliebtes Material gewesen. Mit steigenden Preisen im internationale Markt macht sich der relative Kostenvorteil vor allem bei Qualitätsprodukten bemerkbar.

MATETEE & ACCESSOIRES

Gelegenheiten zum Kauf von Mateteegefäßen aus Kürbisschale, Holz oder Metall bieten sich überall, selbst an kleinen Kiosken. Den Tee dazu, die *yerba,* gibts in

Silber und Gauchosättel: Kunsthandwerk nach Indianertradition und alles aus Leder sind die klassischen Argentiniensouvenirs

jedem Supermarkt oder im Laden an der Ecke, und Sie sollten auf keinen Fall vergessen, die dazugehörige *bombilla,* das Metallsaugröhrchen, zu kaufen, mit der der Tee getrunken wird. Die Beliebtheit dieses argentinischen Nationalgetränks geht auf die Guaraníindianer zurück, die ein Gebräu aus den getrockneten Blättern des wilden Matestrauchs schlürften, das ihnen jegliches Hungergefühl nahm und sie widerstandsfähig machte.

MODE & DESIGN

Eine junge Designer- und Modeschöpferszene hat innovative Trends mit den lokalen Traditionen verflochten. So sieht man in Buenos Aires in den Stadtvierteln Palermo, San Telmo und neuerdings auch Barracas, aber auch in Salta und in Jujuy moderne Kleidung aus Stoffen der Indianerkulturen, poppige Mategefäße aus farbigem Metall und avantgardistischen Silberschmuck, dessen Grundkonzept von den Inkas stammt.

REITZUBEHÖR

Pferdeliebhabern werden die typischen leichten Sättel und weichen Satteldecken aus Schaffell gefallen. Dazu gehören Steigbügel aus Holz und Reitgerten aus geflochtenen Lederstreifen. Argentinische Sattler sind wahre Künstler im Flechten von Zaumzeug und Trensen. Die argentinischen Reithosen, die *bombachas,* und andere Reitsportartikel bekommt man in den *talabartarías* überall im Land.

TANGO

In Buenos Aires finden Sie Tangomusik nicht nur live an fast jeder Ecke, sondern auch in zahlreichen Tonaufnahmen. Oft bringen sogar die Zeitungen Tango-CDs als Beilage. Osvaldo Pugliese, Aníbal Troilo, Astor Piazzolla, das Duo Salgán-De Lío, Susana Rinaldi, das Quinteto Mayor, das Cuarteto Cedrón und natürlich Carlos Gardel gehören zu den bekanntesten Namen des Tangos.

DIE PERFEKTE ROUTE

VON BUENOS AIRES ZU DEN WASSERFÄLLEN

① *Buenos Aires* → S. 32, die Königin des Río de la Plata, wo praktisch alle Reisenden aus Europa ankommen, ist natürlicher Startpunkt. Nach dem ausgiebigen Besuch der Stadt und selbstverständlich einem Tangoabend geht es ab in die Natur: mit einem Direktflug zu den grandiosen Wasserfällen von **②** *Iguazú* → S. 88. Einen unvergesslichen Eindruck gewinnen Sie bereits bei einem zweitägigen Aufenthalt. Dann lohnt es, das Hinterland auszukundschaften. Mit dem Mietwagen oder dem Bus geht es über El Dorado zu den **③** *Saltos del Moconá* → S. 89, wo das Wasser mitten im Urwald auf einer Breite von 3 km vom höheren auf das niedrigere Flussbett fällt. Über die neue RP 2, die sich am Fluss Uruguay entlangschlängelt, kommen Sie über San Javier auf der RP 4 zu den Ruinen der Anlagen, die die Jesuiten in **④** *Santa Ana und San Ignacio* → S. 85 (Foto li.) im 17. Jh. mit den Guaraníindianern errichteten. Dann geht es zurück nach Puerto Iguazú, um den Direktflug nach Salta zu nehmen.

BIZARRE BERGE IM NORDWESTEN

Die Kindermumien im tempelartigen Museo de Alta Montaña in **⑤** *Salta* → S. 71 sind einen ehrfürchtigen Besuch wert. Nach Norden führt der Weg dann durch die farbige Berglandschaft bis **⑥** *Purmamarca* → S. 76, ein Dorf, in dem die Traditionen der spanisch-indianischen Kultursymbiose noch lebendig sind. Zurück und in Richtung Südwesten geht es durch die mit Kandelaberkakteen gesprenkelte Landschaft des Parque Nacional Los Cardones bis ins sympathische **⑦** *Cachi* → S. 73. Nach der anstrengenden Fahrt lockt ein Bier oder ein Glas des lokalen Torrontés-Weißweins in der Bar auf der Plaza neben der Kirche mit dem 6380 m hohen Nevado de Cachi im Hintergrund. Auf der legendären Ruta 40 geht es weiter durch bizarre Felsengebilde bis Hualfin. Von dort führt ein Abstecher Liebhaber des einsamen Kontakts mit Vikunjaherden nach Norden bis **⑧** *Antofagasta de la Sierra* → S. 75. Wieder in Hualfin angelangt, fahren Sie über La Unión in die Mondlandschaften von Talampaya und **⑨** *Ischigualasto* → S. 70.

DIE WEINSTADT AM FUSS DER ANDEN

Nach all der Hitze ist der Besuch der Weinoase **⑩** *Mendoza* → S. 66 im Schatten der schneebedeckten Andengipfel erholsam. Bei einem Glas Malbec (Foto re.) oder Sauvignon Blanc in den Weinkellern stimmen Sie sich ein auf ein abwechslungs-reiches Programm von Aktivitäten – vom Ballonflug bis zum Ausritt in die Bergket-te der Anden, die Ihnen zu Pferd nur noch höher erscheinen.

WALE UND DIE ARGENTINISCHE SCHWEIZ

Ein kurzer Flug bis **11** *San Carlos de Bari-loche* → **S. 97** bringt Sie in eine ganz andere Landschaft, die „argentinische Schweiz": von Wäldern umgebene Berg-seen, die sich auf dem Camino de los Siete Lagos aneinanderreihen, der vom benachbarten Villa La Angostura nach San Martín de los Andes führt. Quer über die patagonische Steppe (keine Flugver-bindung!) gelangen Sie hinüber zum At-lantischen Ozean nach **12** *Puerto Mad-ryn* → **S. 96,** dem Ausgangspunkt zur Walbeobachtung, die von Ende Mai bis November das große Erlebnis auf der Halbinsel **13** *Península Valdés* → **S. 96** darstellt.

BADEFREUDEN AM ATLANTISCHEN OZEAN

Rückflug nach Buenos Aires. Gönnen Sie sich eine Erholungspause auf einer Insel im Delta von **14** *Tigre* → **S. 53,** um auf den Hängematten der Hostería Los Pecanes unter Pekannussbäumen dem Schwirren der Kolibris zu lauschen. Danach machen Sie sich auf den Weg an die Atlantikküste, mit dem Bus oder im Mietauto. Nach 200 km sind Sie bereits am Vogelparadies von Punta Rasa bei **15** *San Clemente del Tuyú* → **S. 60**

angelegt. Weiter südlich beginnt die Ket-te der Strandorte, in denen ein Großteil der Argentinier ihre Ferien verbringen. In den Südsommermonaten Januar/Februar geht es hier dementsprechend turbulent zu. **16** *Mar del Plata* → **S. 56** ist die Hochburg der Küste, eine Groß-stadt, die auch im windigen Winter at-traktiv ist und im November das renom-mierteste Filmfestival in Lateinamerika ausrichtet.

Rund 10 000 Kilometer. Empfohlene Reisedauer: mit allen Etappen mindes-tens vier Wochen. Detaillierter Routen-verlauf auf dem hinteren Umschlag, im Reiseatlas sowie in der Faltkarte

BUENOS AIRES

KARTE IM HINTEREN UMSCHLAG
Buenos Aires: Das ist der Traum vom Aufstieg, den so viele Einwanderer in den letzten Jahrhunderten geträumt haben.

Und dann ist da noch die Erinnerung an die frühen Jahre der jungen Republik, als man Argentinien noch mit dem Reichtum der Viehbarone gleichsetzte. Stadtpaläste und neoklassizistische Bürohochhäuser prägen noch heute das Gesicht der Stadt und erinnern an die goldenen Zeiten. Das alte Modell des Agrarexporteurs erlebt heute unerwartet ein Revival: Das Land verdankt einen Großteil seines Aufschwungs den internationalen Rekordpreisen für Agrarprodukte.

Die Folgen der Verarmung breiter Bevölkerungsschichten sind aber noch immer

WOHIN ZUERST?
Einen guten ersten Eindruck gewinnen Sie aus der Immigrantenperspektive in **Puerto Madero (U F4–6)** *([] f4–6).* Wie diese sehen Sie die Stadt hier von Osten her, heute natürlich mit ihrem Skylinehorizont. Der ehemalige Dockhafen liegt citynah, aber ohne deren Hektik und Staus. Flanieren Sie in Ruhe am Wasser, betrachten die alten Hafendepots und zu Kunstwerkstätten umgewandelten Silos und kosten ein erstes Steak in einem der feinen Grillrestaurants. Hin kommen Sie mit der U-Bahnlinie B bis zur Endstation Leandro N. Alem.

Bild: Kongressgebäude an der Plaza del Congreso

Temperament und Tango: Die riesige, europäisch anmutende Metropole am Río de la Plata bittet zum Tanz

zu spüren. Die Armutsviertel ziehen sich wie ein Gürtel um die Stadt. Allein die Bundeshauptstadt, la Capital Federal, das Zentrum von Buenos Aires, zählt 2,9 Mio. Ew. Dazu kommen weitere 9,9 Mio. in den 24 Vorstädten, die in direkter Abhängigkeit von der Metropole leben.

Viele Vorstadtbewohner pendeln zur Arbeit ins Stadtzentrum. Morgens und abends ist das Verkehrschaos deshalb programmiert. Mancher Besucher fragt sich, was es mit dem Namen Buenos Aires („Gute Lüfte") angesichts der abgasverhangenen Häuserschluchten auf sich hat. Buenos Aires, das sich am Südwestufer des Río de la Plata über 70 km hinzieht und landeinwärts noch einmal über 30 km erstreckt, ist wirklich nicht die Stadt der „Guten Lüfte", wie eigentlich in Meernähe zu erwarten wäre.

Aber, verteidigen sich die Einwohner, die Stadt heiße ja eigentlich auch *Nuestra Señora del Buen Ayre* (Unsere Heilige Jungfrau der guten Luft). So jedenfalls hatte sie Don Pedro de Mendoza 1536 genannt, der Jungfrau dankend, dass sie ihm günstige Winde geschickt hatte, die ihn bis ans Ufer des Río de la Plata trugen. Er gründete einen kleinen Hafen mit einer ersten Niederlassung, die allerdings nicht lange den Angriffen der Charrúaindianer standhalten konnte. Bereits fünf Jahre später war die Kolonie aufgegeben.

Politik. Der Hafen garantierte ein hohes Einkommen an Zöllen, und der wirtschaftliche Aufstieg zog einen Bauboom ohnegleichen nach sich. Ab 1870 strömten vor allem italienische Einwanderer nach Argentinien. Seit Ende des 19. Jhs. ankerten bis zu 2000 Schiffe pro Jahr im Hafen von Buenos Aires. Manche von ihnen brachten statt Waren nur Einwan-

Avenida 9 de Julio: In Buenos Aires präsentiert sich Argentinien schick und großstädtisch

1580 unternahm Juan de Garay einen zweiten Gründungsversuch. Den *Leyes de Indias* getreu, der spanischen Gesetzgebung für die Neue Welt, legte er Straßen und Plätze im Schachbrettmuster an. Aber erst als die spanische Kolonialverwaltung 1778 den Hafen von Buenos Aires der Schifffahrt mit spanischen Häfen öffnete, begann ein merklicher Aufschwung. Auch politisch gewann Buenos Aires an Einfluss, als es zur Hauptstadt des Vizekönigreichs vom Río de la Plata wurde.

In der neuen Metropole des Landes konzentrierten sich Handel, Verwaltung und

derer: Italiener, Spanier, Juden, Araber, Armenier, Weißrussen und viele andere suchten ihr Glück in der wachsenden Metropole.

Heute ist Buenos Aires eine Stadt extremer Gegensätze. Gleich neben den luxuriösen Einkaufspalästen findet man Kinder, die auf der Straße betteln. Die nach der Krise 2001/2002 nur langsam sinkende Arbeitslosigkeit hat Buenos Aires in dieser Hinsicht anderen Metropolen Lateinamerikas ähnlicher gemacht. Auch die Kriminalitätsrate ist gestiegen, bleibt jedoch weit hinter der von Rio oder São Paulo zurück und nimmt in jüngster Zeit wieder ab. Neben mondänen Vierteln wie La Recoleta gibt es ruhige Arbeiterviertel, in denen die Einwohner sich mit den Nachbarn auf einen Matetee treffen, wie in La Boca, Barracas oder in Villa Urquiza. Die Einwohner der Hauptstadt, *porteños* genannt, sehen sich selbst als weltoffene, europäisch geprägte Leute. Vor allem der Einfluss der massiven italienischen Einwanderung zu Beginn des 20. Jhs. macht sich in Sprache (nämlich im *lunfardo*, dem lokalen Slang), Gestik und Improvisationskunst bemerkbar. Ihre Landsleute in den Provinzen und andere Lateinamerikaner lasten den *porteños* eine gewisse Arroganz an.

Es ist unmöglich, Buenos Aires zu Fuß zu erkunden, aber es empfiehlt sich, einige seiner *barrios* auf eigene Faust zu durchstreifen. An den Zeitungskiosken in der Innenstadt erhalten Sie Buspläne, aber Abfahrtszeiten werden nicht angegeben, denn man kann davon ausgehen, dass

die *colectivos* (www.loscolectivos.com.ar) im Fünfminutenrhythmus fahren. Gehalten wird an jeder zweiten Straßenecke. Wer es schneller liebt, kann auf eines der zahlreichen Taxis zurückgreifen, die in Buenos Aires relativ preisgünstig sind. Empfehlenswert ist es jedoch, das Taxi über Telefon zu bestellen oder, falls man es auf der Straße anhalten muss, eins zu wählen, das einer Funktaxifirma angehört *(Radiotaxi Pídalo | Tel. 011 49 32 22 22; Radiotaxi Premium | Tel. 011 52 38 00 00)*. Und schließlich verbindet auch die U-Bahn, die *subte,* alle wichtigen Stadtteile miteinander. Die sechs Linien des Anfang des 20. Jhs. eingeweihten Untergrundnetzes werden seit einigen Jahren langsam ausgeweitet und modernisiert. Eine besondere Attraktion stellt die Linie A dar, die älteste, die seit 1913 unter der Avenida de Mayo und der Avenida Rivadavia verläuft: Ihre Bahnsteige sind – wie auch die der Linien B und D – mit bunten Kachelbildern dekoriert. Besonders sehenswert ist die Station Perú, und manchmal fährt auch noch

---

MARCO POLO HIGHLIGHTS

einer der alten Züge. Gleichzeitig ist die U-Bahn aber auch das schnellste Verkehrsmittel in der Stadt *(2,50 Pesos pro Fahrt | www.subte.com.ar).*

Für einen ersten Gesamteindruck von der weitläufigen Metropole empfiehlt sich eine Stadtrundfahrt mit dem *Bus Turístico* (Start: (U E4) (🗺 e4) Touristeninfo Florida/Diagonal Norte | www.buenos airesbus.com).

nouveau nur am Wochenende in Ruhe betrachten kann. Besonders schön ist das *Café Tortoni (Nr. 829 | www.cafetortoni. com.ar).* Hier verkehrten bereits Artur Rubinstein, José Ortega y Gasset und Federico García Lorca. Heute ist das Lokal auch Bühne für Tangoshows und Jazzkonzerte.

Bunte Fassaden im viel besuchten, immer noch urtümlichen Hafenviertel La Boca

Die gelben, oben offenen Doppeldecker verbinden im 20-Minuten-Abstand rund zwei Dutzend sehenswerte Stationen der Stadt. Nach dem Hop-on-hop-off-System können Sie mit einem Tagesticket *(70 Pesos, 2-Tage-Ticket 90 Pesos)* an jedem beliebigen Halt ein- oder aussteigen. Der Audiodienst wird auch auf Deutsch angeboten.

AVENIDA DE MAYO
(U D–E 4–5) (🗺 d–e 4–5)

Die 33 m breite Prachtstraße verbindet die Plaza del Congreso mit der Plaza de Mayo. Sie ist so stark befahren, dass man die mehrstöckigen Paläste im Stil des Art

Das Gebäude des **INSIDER TIPP** ▸ *Palacio Barolo (Nr. 1370 | Führungen Mo und Do 16, 17, 18, 19, Do auch 20.30, Mi und Fr 20 Uhr | 50 Pesos, abends mit Imbiss 95 Pesos | www.pbarolo.com.ar)* dessen Architektur die Göttliche Komödie von Dante Alighieri nacherzählt, ist eines der eigenartigsten in Buenos Aires. Zur Zeit der Einweihung 1923 war es das höchste Haus in Lateinamerika, mit einem heute noch funktionierenden Leuchtturm auf 100 m Höhe.

Auf der *Plaza del Congreso* erinnert ein aufwendiges Monument an die Nationalversammlung von 1813, dahinter erhebt sich das Kongressgebäude, Sitz des Senats und Abgeordnetenhauses. Das Parlamentsgebäude im Stil der Neorenaissance wirkt wie eine Kopie des Kapitols in Washington. Hier steht auch die Skulptur „Der Denker" von Auguste Rodin. In unmittelbarer Nähe markiert ein Monolith den Kilometerstein Null aller argentinischen Fernstraßen.

LA BOCA ⭐ (0) (📖 0)

Das Hafenviertel südlich von San Telmo am Fluss Riachuelo hat sich seit den Zwanzigerjahren des 20. Jhs. nicht wesentlich verändert. La Boca war das Armenviertel der Großstadt. Hier fanden italienische Fischer, Basken, Kroaten und Galicier Arbeit an den Docks. Geld gab es kaum, zum Hausbau benutzte man Wellblech und Holzlatten. Oft wurden die Hafenarbeiter in Naturalien bezahlt, dazu gehörten auch die Reste von Schiffslack. So erklärt sich die pittoreske Bemalung der Behausungen. Auch heute noch werden sie von den Hafenarbeitern bewohnt. Besonders gut erhalten sind die verschachtelten Häuschen am *Caminito*, der Gasse zwischen den Straßen Magallanes und Del Valle Iberlucea.

Neben einem Kunstgewerbemarkt ist auch das *Museo de Bellas Artes de la Boca (Di–Fr 10–18, Sa/So 11–18 Uhr | Eintritt 8 Pesos | Pedro de Mendoza 1835)* sehenswert, in dem u. a. Werke des Malers Benito Quinquela Martín (1890–1977) ausgestellt werden, die das Arbeiterleben in La Boca porträtieren. Im zeitgenössischen Gegensatz zu diesem historischen Blick stehen die Wechselausstellungen in der *Fundación Proa (Di–So 11–19 Uhr | Eintritt 12 Pesos | Pedro de Mendoza 1929 | www.proa.org),* von deren ☀️ **INSIDER TIPP▶** Terrasse aus man einen guten Ausblick auf den Riachuelo hat. Für 2013 ist der Besuch der Zürcher Daros Collection vorgesehen, eine der umfassendsten Sammlungen zeitgenössischer lateinamerikanischer Kunst in der Welt.

Zum Stadtteilbild gehört auch das *La Bombonera* („Pralinenschachtel") genannte Stadion des populärsten Fußballclubs Argentiniens, der Boca Juniors, mit seinem eigenen *Museo de la Pasión Boquense (tgl. 10–18 Uhr | Eintritt 35 Pesos, einschl. Stadionbesuch 50 Pesos | Brandsen 805 | www.museoboquense.com).*

Die besten Lokale in La Boca finden Sie an der Uferstraße Pedro de Mendoza und in deren Umgebung. *Il Matterello (Martín Rodríguez 517 | Tel. 011 43 07 05 29 | €€)* und *Don Carlos (Brandsen 699 | Tel. 011 43 62 24 33 | €€)* bewahren das typisch italienische Hafenflair mit guter Pasta- und Meeresfrüchteküche.

MANZANA DE LAS LUCES (U E5) (📖 e5)

Von der Perú 272 aus werden Rundgänge durch den historischen Stadtkern zwischen Bolívar, Moreno, Perú und Alsina organisiert. Das Herz der Altstadt, auch *manzana de las luces* genannt, birgt neben der Kirche San Ignacio und der historischen Fassade der Universität auch ein ● geheimes Tunnelsystem aus dem 18. Jh. Die Tunnel dienten u. a. Schmugglern als Fluchtwege. *Führungen Mo–Fr 15, Sa/So 15, 16.30 und 18 Uhr | 12 Pesos | www.manzanadelasluces.gov.ar*

MUSEO DE ARTE LATINOAMERICANO (MALBA) (U C1) (📖 c1)

Die private Sammlung von Eduardo Constantini und große Gastausstellungen moderner lateinamerikanischer Kunst im modernsten Museumsgebäude der Stadt. Im Kinosaal des Museums wird außerdem eine interessantes Filmprogramm gezeigt, und das ● Museumscafé mit seiner Glaswand und Terrasse zum Park bietet Besuchern immer Gelegenheit zu Imbiss und Geplauder. *Do–Mo 12–20, Mi 12–21 Uhr | Eintritt 25 Pesos, Mi 12 Pesos | Av. Figueroa Alcorta 3415 | www.malba.org.ar*

MUSEO DE ARTE HISPANOAMERICANO ISAAC FERNÁNDEZ BLANCO ★

(U E2-3) (🗺 e2-3)

Schon das Gebäude selbst lohnt einen Besuch. Hinter der kolonialen Fassade verbergen sich reich bepflanzte Patios und die umfangreichste öffentliche Samm-lung kolonialen Silbers in Südamerika. *Feb.–Dez. Di–Fr 14–19, Sa/So 11–19 Uhr | Eintritt 1 Peso, Do frei | Suipacha 1422 | www.museofernandezblanco.buenosaires. gob.ar*

LOW BUDG€T

▶ Von der Website *www.bue.gov.ar/ audioguia* kann man gratis mehr als 150 ● Führungen zu Sehenswürdig-keiten der Stadt im MP3-Format herunterladen (auch auf Englisch), mit kurzen Interviews und musikali-schen Illustrationen. Sie können auch *8283 auf Ihrem Handy wählen, um die Führungen vor Ort zu hören, oder sich einfach den Text ausdrucken.

▶ Viele *porteños* stecken in den letzten Jahren ihre Ersparnisse in ein möb-liertes Apartment, das sie an Touris-ten vermieten. Mittlerweile besteht bereits ein großes Angebot, das über Agenturen *(www.alojargentina.com, www.4rentargentina.com)* vermietet wird: pro Tag ab 35 Euro oder pro Woche ab 150 Euro.

▶ Die *carritos* genannten Grillbuden im Palermopark – z. B. am Planetarium *El Puestito del Tío* – und am Flussufer auf der Costanera Norte *El Rey de la Bondiola* und *El Abanico* und auf der Costanera Sur *El Torito* sind von weit her erkennbar am unwiderstehlichen Duft der *chorizos,* der typischen Brat-würste. Im Brot als *choripán* serviert, bekommt man sie schon für 8 Pesos und ein Sandwich mit Schweinefleisch vom Grill für 16 Pesos!

INSIDER TIPP ▶ MUSEO DE ARTE MODERNO (U E6) (🗺 e6)

Das 2010 eingeweihte MAMBA besitzt eine ständige Sammlung von 7000 Wer-ken der letzten 100 Jahre, vor allem ar-gentinischer, aber auch internationaler Künstler wie Kandinsky, Picabia, Matisse, Picasso, Dalí, Mondrian, Miró und Beuys. Es ist untergebracht im Gebäude einer ehemaligen Tabakfabrik von 1918. *Mo–Fr 12–19, Sa/So 11–20 Uhr, 1. Mo im Monat geschl. | Eintritt 2 Pesos, Di frei | Av. San Juan 350 | www.museodeartemoderno. buenosaires.gob.ar*

MUSEO DE ARTE POPULAR JOSÉ HERNÁNDEZ (U C1) (🗺 c1)

Das liebevoll eingerichtete Museum be-herbergt Kunsthandwerk aus der Zeit der Gauchos und Ureinwohner des La-Plata-Raums und eine auf Gaucholiteratur spe-zialisierte Bibliothek. *März–Jan. Mi–Fr 13 –19, Sa/So 10–20 Uhr | Eintritt 1 Peso, So frei | Av. Libertador 2373 | www.museoher nandez.org.ar*

MUSEO NACIONAL DE BELLAS ARTES ● (U D2) (🗺 d2)

Den schönen Künsten gewidmet, stellt das Museum neben Impressionisten und argentinischen Künstlern eine Samm-lung der Impressionisten aus, darunter eine kleine, aber repräsentative Auswahl weniger bekannter Werke von Renoir, van Gogh, Manet, Toulouse-Lautrec, Mo-net, Gauguin, Degas, Pissarro und Sisley. Auch die zahlreichen Skulpturen Auguste Rodins zeigen das geübte Auge, mit dem die reichen *estancieros* zwischen 1880 und 1930 die modernen Tendenzen der französischen Kunst bewunderten und an den Río de la Plata brachten. *Di–Fr 12.30–20.30, Sa/So 9.30–20 Uhr | Eintritt frei | Av. del Libertador 1473 | www.mnba.org.ar*

PALERMO ⭐ (U A–C 1–2) (𝄞 a–c 1–2)

Das Stadtviertel ist viergeteilt: das schicke *Palermo Chico* (U C1) (𝄞 c1), das Designerviertel *Palermo Viejo* (U A2) (𝄞 a2), heute auch *Palermo Soho* genannt, das vom Showbusiness geprägte *Palermo Hollywood* und das eigentliche *Palermo* (U B1–2) (𝄞 b1–2), wo sich die große Parkanlage Bosques de Palermo ausbreitet.

Knotenpunkt des Stadtteils ist die *Plaza Italia* (U A1) (𝄞 a1), Haltestelle für Busse aus allen Richtungen und für die grüne U-Bahn-Linie D. Von dort aus kann man die Sehenswürdigkeiten des *barrios* bequem zu Fuß erreichen. Folgen Sie der Avenida Sarmiento nordostwärts, können Sie im Park, der im Frühling unter den Blüten der zahlreichen Jakarandabäume lila leuchtet, durch den Rosengar-

ten oder im ● *Jardín Japonés (tgl. 10–18 Uhr | Av. Figueroa Alcorta/Av. Casares | www.jardinjapones.org.ar)* spazieren, den Südhimmel im *Planetarium (Di–So 14–19 Uhr | Eintritt 20 Pesos | Av. Sarmiento/Av. Figueroa Alcorta | www.planetario.gov.ar)* kennenlernen, ein Polospiel der besten Spieler der Welt im *Campo de Polo (Av. Libertador/Av. Dorrego)* oder ein Pferderennen gegenüber im *Hipódromo* erleben. Zurück an der Plaza Italia, können Sie den Zoo *(Jardín Zoológico)* durchkreuzen und sich im Schatten der rund 5000 Pflanzenarten im Botanischen Garten *(Jardín Botánico)* vom Spaziergang ausruhen. Dort steht auch der *ombú,* der für Antoine de Saint-Exupérys Affenbrotbaum des „Kleinen Prinzen" Modell stand.

In Palermo Chico, südöstlich vom Park die Avenida Libertador und Figueroa Alcorta entlang, befinden sich die Paläste im neoklassizistischen französischen Stil, die sich die reichen *estanciero*-Familien bauen ließen. Heute sind viele von ihnen Sitz ausländischer Botschaften. Im Palacio Errázuriz befinden sich das **INSIDER TIPP** ▶

Museo Nacional de Bellas Artes: Fast 700 Werke gehören zur ständigen Sammlung

Unterwegs in Palermo Viejo, dem angesagten Designerviertel der Hauptstadt

Museo Nacional de Arte Decorativo (Di– So 14–19 Uhr | Eintritt 5 Pesos, Di frei | Av. Libertador 1902 | (U C2) (📖 c2) | www. mnad.org.ar), das mit seiner Möbelausstellung die Pracht der Patrizierwohnung hervorhebt, und das nette Restaurant *Croque Madame* (Tel. 011 48 06 86 39 | €€). Palermo Viejo hat sein Zentrum auf der *Plaza Cortázar,* wo sich die Straßen Jorge Luis Borges (oft auch Serrano genannt, wie sie weiter westwärts noch heißt) und Honduras treffen. Cafés, Restaurants und Bars mischen sich mit zahlreichen originellen Mode- und Designläden in dem Soho der *porteños.* Geht man die Honduras aufwärts in Richtung der ansteigenden Hausnummern, durch eine Bahnunterführung und über die Avenida Juan B. Justo, kommt man nach wenigen Blocks auf die Kreuzung mit der Straße Bonpland ins Zentrum des sogenannten *Palermo Hollywood,* wo sich in der Umgebung des Rundfunk- und Fernsehsenders América die Gastronomie noch vervielfältigt und das Nachtleben praktisch nie ruht.

PLAZA DE MAYO (U E4–5) (📖 e4–5)
Seit 1580 ist die Plaza de Mayo das Herz der Stadt. Hier steht auch der alte *Cabildo* (Rathaus) von 1765 mit seiner zweistöckigen Arkadenfassade und einem Mittelturm. Gegenüber dem Cabildo steht an der Ostseite des Platzes die *Casa Rosada* (1873–1894), der Amtssitz des Staatspräsidenten. Vom Balkon der Casa Rosada aus hielten die Präsidenten ihre Reden, und nicht selten wurde das Militär eingesetzt, um den Platz von Demonstranten zu räumen. Nicht ohne Grund haben die Mütter und Großmütter der Verschwundenen (*www.abuelas.org.ar, www.madres.org, www.madresfundado ras.org.ar*) der Militärdiktatur sich diesen Ort für ihre wöchentlichen Demonstrationen (Do 15.30 Uhr) ausgesucht.
Am Südende der Plaza stehen das Finanz- und das Sozialministerium, am Nordende das prächtige Gebäude der Nationalbank, des *Banco de la Nación Argentina,* von 1939. An der Ecke zur Straße San Martín beeindruckt die *Kathedrale* (im 17. Jh. geweiht, aber mehrmals um-

gebaut, die heutige neoklassizistische Fassade ist von 1821). Während der peronistischen Unruhen 1955 wurde die Innenausstattung schwer beschädigt, erhalten blieb das 1878 geschaffene Grabmal für den argentinischen Freiheitskämpfer José de San Martín.

PUERTO MADERO (U F4–6) (🚇 f4–6)

Das aufgefrischte Hafenviertel Puerto Madero hat sich zum Ziel für kulinarische Ausflüge gemausert. Besonderen Reiz hat der Blick auf die Stadt, den man vom neueren ☀ Ostufer der Docklandschaft aus gewinnt. Spaziergänge zwischen den architektonisch interessanten Neubauten auf den alten Docks werden meist mit einem Besuch in einem Restaurant beendet. Dabei ist die Auswahl recht groß: *Chila (Av. Alicia Moreau de Justo 1160 | Tel. 011 43 43 60 67 | www.chilaweb.com.ar | €€€)* bietet Fisch und Pasta in feinster Zubereitung. *El Mirasol (Av. Alicia Moreau de Justo 202, Posadas 1032 und Boedo 136 | Tel. 011 43 15 62 77 | www.elmirasol. com.ar | €€)* gehört zu den guten *parrillas* der Sadt. Abends kann man im *Asia de Cuba (Pierina Dealessi 750 | Tel. 011 48 94 13 28 | www.asiadecuba.com.ar | €€)* exotisch essen und ab 1 Uhr zur Disko bleiben. Ein exquisites Steakrestaurant ist das *Cabaña Las Lilas (Av. Alicia Moreau de Justo 516 | Tel. 011 43 13 13 36 | www.laslilas.com/restaurant.php | €€€)*. All diese Restaurants haben eine ☀ Terrasse mit Blick auf das träge dahinfließende Wasser der ehemaligen Hafendocks des Río de la Plata, an denen heute Yachten anlegen.

RECOLETA (U C–E 2–3) (🚇 c–e 2–3)

Hier zeigt sich Buenos Aires überraschend französisch. Seit 1880 entwickelte sich der elegante Stadtteil zur Residenz der liberalen Oligarchie des Landes. Prunkpaläste wie die heutige *französische Botschaft (Cerrito 1399)*, die *brasilianische Botschaft (Arroyo/Cerrito)*, das ebenfalls in einer Patrizierresidenz eingerichtete *Palacio Duhau Park Hyatt Hotel (Alvear 1661)* oder auch der elitäre *Jockey-Club (Av. Alvear 1345)* erinnern an die wirtschaftlichen Glanzzeiten der vorletzten Jahrhundertwende. Heute sind die extravaganten Bauten längst zwischen Büro- und Apartmenthäusern eingekeilt. Edelboutiquen liegen vor allem zwischen den Nummern 1700 und 1900 in der *Avenida Alvear* und *Avenida Presidente Quintana*.

Gegenüber der Flaniermeile, am anderen Ende der *Plaza Francia (Av. Libertador/Av. Pueyrredón)*, auf der sich am Wochenende ein Künstlermarkt ausbreitet, liegt der ● *Friedhof* von Recoleta. Der Besuch in der gemauerten Totenstadt mag befremden. Erdbestattungen sind in Argentinien selten und nur für fünf Jahre zulässig. So findet die Beisetzung in monumentalen Bauten, *bóvedas,* oder in Mauernischen mit Schubfächern statt. Mit hohen Rolleitern stecken Friedhofswärter die dargebrachten Blumen in Metallvasen. Unter den Grabmonumenten sind auch die vieler Staatspräsidenten Argentiniens und das der legendären Evita Perón.

SAN TELMO ★ (U E–F6) (🚇 e–f6)

Einst die vornehmste Wohngegend der Hauptstadt, wurde der Stadtteil San Telmo Ende des 19. Jhs. fluchtartig von den Bürgern verlassen, als hier eine Gelbfieberepidemie ausbrach. Wer es sich leisten konnte, zog aufs Land, nach San Isidro, das nun zur neuen Residenz der vornehmen *porteños* wurde. Die riesigen Herrenhäuser in San Telmo wurden unterdessen zu Mietskasernen für Immigranten umfunktioniert, viele kleine Läden und Hinterzimmerkneipen entstanden in jener Zeit.

Schmuddelige Hinterhöfe und enge Kopfsteinpflasterstraßen prägen auch heute noch das Bild des romantischen Stadtteils. Rund um die *Plaza Dorrego,* auf der sonntags ein beliebter Flohmarkt stattfindet, gruppieren sich Antiquitätengeschäfte und Tangocafés. Längst haben

chen herausgebildet, die in den lokalen Traditionen Inspiration für originelle und zeitgenössische Gerichte finden.

BIO 😊 (0) (⌂ 0)
Makrobiotische Speisekarte im grünen Lokal in Palermo. *Humboldt 2199/Guate-*

Straßenszene in San Telmo, dem quirligen Ausgehviertel der *porteños*

auch die *porteños* San Telmo wiederentdeckt und besuchen seine vielen Restaurants. In den letzten Jahren hat San Telmo neuen Elan gewonnen, als viele unabhängige Designer dort eine Alternative zu Palermo suchten, wo sie zunehmend von den großen Marken verdrängt werden. Auch ist San Telmo besonders *gay-friendly* ausgerichtet.

mala | Tel. 011 47 74 38 80 | www.biorestaurant.com.ar | €€

LA BRIGADA (U E6) (⌂ e6)
Nach einer Umfrage unter argentinischen Gastrojournalisten eine der besten *parrillas* in Buenos Aires, mitten im historischen San Telmo gelegen. *Estados Unidos 465 | Tel. 011 43 61 55 57 | €€*

CLUB EROS (0) (⌂ 0)
Einfache Küche in einem viel besuchten Clubrestaurant in Palermo mit reichlich irreführendem Namen. *Uriarte 1609/ Honduras | Tel. 011 48 32 13 13 | €*

ESSEN & TRINKEN

In den letzten Jahren hat sich nicht nur das Angebot an Ethnoküche vervielfältigt, sondern auch eine Generation von Kö-

EL CUARTITO (U D3) (🗺 d3)

Die Wände dieser klassischen Pizzeria sind mit Fotos argentinischer Sportler und Filme tapeziert. Die *fugazzetta* (Zwiebelpizza mit Käse) gehört zu den Spezialitäten des Hauses. *Talcahuano 937 | Tel. 011 48 16 43 31 | €*

FILO (U E3) (🗺 e3)

Moderne italienische Küche, buntes Ambiente und DJs. *San Martín 975 | Tel. 011 43 11 03 12 | www.filo-ristorante.com | €€*

HIERBABUENA ☺ (U E6) (🗺 e6)

Fruchtsäfte in schmackhaften und erfrischenden Mischungen, Salate und sonntags ein attraktives Brunchangebot in einer Straße in San Telmo, die sich neuerdings als Gastronomiepol profiliert. *Av. Caseros 454 | Tel. 011 43 62 25 42 | www.hierbabuena.com.ar | €€*

LOS INMORTALES (U D4) (🗺 d4)

Traditionelles Pizzarestaurant, seit einem halben Jahrhundert Treffpunkt nach Kino und Theater, mit unzähligen Fotos der Tangogrößen dekoriert. *Av. Corrientes 1369 | Tel. 011 43 73 53 03 | www.losinmortales.net | €–€€*

INSIDER TIPP LEZAMA (U E6) (🗺 e6)

Vor dem gleichnamigen Park in San Telmo ein typisches Restaurant mit vielen Stammgästen: freundliche, kompetente Kellner, auf deren Tipps Verlass ist, einfache, schmackhafte Gerichte in spanisch-italienischer Tradition, lebendiges Ambiente. *Brasil 359 | Tel. 011 43 61 01 14 | €–€€*

NATURAL DELI ☺

Drei Filialen, eine erfolgreiche Formel: Salate, Wraps und Fruchtsäfte aus organischen Zutaten, die gleichzeitig auch als

SICHER DURCH BUENOS AIRES

Buenos Aires ist für lateinamerikanische Verhältnisse immer noch eine ausgesprochen sichere Stadt, wenigstens in den Gegenden, in denen Touristen normalerweise unterwegs sind. Ein gewisses Risiko besteht natürlich immer. Sie sollten besser nicht montags bis donnerstags nachts in La Boca oder San Telmo rumbummeln. Ein öfters bei Ausländern angewandter Trick: Jemand, der auf der Straße eine Wurst verzehrt, bekleckert „versehentlich" mit Senf oder Ketchup die Kleidung eines Touristen. Höflich versucht er, die Flecken zu entfernen – in dem Moment schnappt ein Komplize den Fotoapparat oder die Handtasche ... Auch auf Geldscheine müssen Sie gut achten, vor allem im Taxi wird oft Falschgeld ausgehändigt oder in rascher Bewegung der gegebene echte 100-Peso-Schein gegen einen falschen ausgetauscht und zurückgegeben, mit dem Vorwand, der Fahrer habe doch kein Wechselgeld. Auch kann der Hunderter gegen einen kleineren Schein ausgetauscht werden; dem Fahrgast wird dann entrüstet vorgehalten, er habe doch nur mit 50 (oder 10) Pesos bezahlt. Gegenmaßnahme: immer achtsam und sogar den Scheinwert aussprechend das Geld dem Taxifahrer über den Beifahrersitz von rechts aus geben. Es gibt ein spezielles Polizeirevier für Touristen, wo Sie Anzeige erstatten können: *Comisaría del Turista | Av. Corrientes 436 | Tel. 0800 9 99 50 00 (gebührenfrei) | turista@policiafederal.gov.ar.* Allgemeiner Notruf: *Tel. 9 11*

solche unzubereitet verkauft werden. *República Árabe Siria 3900* (U B1) *(𝕄 b1), Laprida 1672* (U C2) *(𝕄 c2) und Gorostiaga 1776* (O) *(𝕄 O) | Tel. 011 48 22 12 28 | www.natural-deli.com | €€*

EL OBRERO (O) *(𝕄 O)*
In der alten Kneipe der Arbeiter von Boca lassen sich heute sogar Wim Wenders oder Bono sehen. Zinntheke und solides Menü. *Caffarena 64 | Tel. 011 43 62 99 12 | www.bodegonelobrero.com.ar | €–€€*

OVIEDO (U C3) *(𝕄 c3)*
Fisch und Meeresfrüchte in bester spanischer Tradition. *Berutti 2602/Ecuador | Tel. 011 48 21 37 41 | www.oviedoresto.com.ar | €€€*

PATAGONIA SUR (O) *(𝕄 O)*
Argentinische Küche auf feinste Art vom international anerkannten Chef Francis Mallman in einem typischen Haus des Bocaviertels. *Rocha 801/Av. Don Pedro de Mendoza | Tel. 011 43 03 59 17 | www.restaurantepatagoniasur.com | €€€*

PURATIERRA (O) *(𝕄 O)*
Regionale Zutaten in feiner und doch einfacher Zubereitung, zu der ein großer Lehmofen entscheidend beiträgt. *3 de Febrero 1167 | Tel. 011 48 99 20 07 | www.puratierra.com.ar | €€€*

EL SANJUANINO (U D2) *(𝕄 d2)*
In dem kleinen Lokal mit regionaler Küche des Nordwestens haben Sie die Wahl zwischen *locro, empanadas, tamales* und *humita*. Als Nachtisch gibts *quesillo de cabra con miel de caña,* eine Art Ziegenfrischkäse mit Zuckerrohrsirup. *Posadas 1515/Callao | Tel. 011 48 04 29 09 | €*

TOMO I (U E4) *(𝕄 e4)*
Ada Concaro führt die beste Küche in Buenos Aires – nach übereinstimmender Meinung der beiden meistgelesenen Restaurantguides der Stadt. Wenige, einfache Zutaten in exquisite Speisen zu verwandeln, das ist ihre Kunst. *Carlos Pellegrini 521 (Zwischenstock im Gebäude des Hotel Panamericano) | Tel. 011 43 26 66 95 | www.tomo1.com.ar | €€€*

EINKAUFEN

BÜCHER & PRESSE
Buenos Aires hat eine starke Verlegertradition. Eine gute Bücherauswahl findet man bei *Cúspide (Vicente López 2050 |* (U C–D2) *(𝕄 c–d2), Florida 628 |* (U E4) *(𝕄 e4) und Corrientes 1316 |* (U D4) *(𝕄 d4) | www.cuspide.com),* bei *Prometeo (Corrientes 1916 |* (U D4) *(𝕄 d4) und Honduras/Gurruchaga |* (O) *(𝕄 O) | www.prometeolibros.com.ar),* beim Ladengeschäft des Universitätsverlags *Eudeba (Av. Rivadavia 1573 |* (U D4) *(𝕄 d4) | www.eudeba.com.ar)* und bei *El Ateneo (Florida 340 |* (U E4) *(𝕄 e4) und Av. Santa Fe 1860 |* (U D3) *(𝕄 d3) | www.tematika.com)* – der größten Buchhandlung Südamerikas – in einem ehemaligen Kinosaal. Im Antiquariat INSIDER TIPP *Librería Henschel (Reconquista 533 |* (U E4) *(𝕄 e4) | www.buch-henschel.com.ar)* stöbert man zwischen alten Reiseberichten über Argentinien, Stadtansichten und Landkarten – auch auf Deutsch und Englisch. In der Bibliothek vom *Goethe-Institut (Corrientes 319 |* (U E4) *(𝕄 e4) | www.goethe.de/buenosaires)* liegen deutschsprachige Literatur, Sachbücher und Zeitschriften aus. Die Zeitungskioske auf der Fußgängerstraße Florida führen internationale Presse.

KAUFHÄUSER
Zu ausgedehntem Schaufensterbummeln laden die großen Einkaufszentren ein. Die wichtigsten sind: *Galerías Pacífico (Florida/Córdoba |* (U E3) *(𝕄 e3)), Shop-*

ping Alto Palermo (Av. Coronel Díaz 2098 | (U B2) (🔲 b2)), *Patio Bullrich (Av. del Libertador 740 |* (U D–E2) (🔲 d–e2)), *Paseo Alcorta (Salguero 3172 |* (U C1) (🔲 c1)), *Buenos Aires Design Center (Av. Pueyrredón/Av. Libertador |* (U D2) (🔲 d2)) *und das im Art-déco-Gebäude des ehemaligen zentralen Gemüsemarkts der Stadt installierte Shopping Abasto (Corrientes/Agüero |* (U B4)

(U E5) (🔲 e5) *und Suipacha 892 |* (U E3) (🔲 e3)) *oder bei Cuenca del Plata (Agüero 1672 |* (U C2) (🔲 c2)) *bzw. La Vicuñita (Sucre 2380/Belgrano |* (0) (🔲 0)) können Sie sich gut mit Kunsthandwerk aus dem Nordwesten eindecken. Modernes Design und indianische Tradition vereinen sich im ❂ *Spazio Sumampa (Arévalo 2976 |* (0) (🔲 0) *| www.spaziosumampa.com.ar):* Fünfzig Webe-

Auf der Plaza Dorrego herrscht die ganze Woche über Flohmarktatmosphäre

(🔲 b4)). *Das bei Weitem modernste, Dot (Vedia 2636 |* (0) (🔲 0) *| www.dotshopping.com.ar),* liegt im nördlichen Stadtteil Saavedra, ist aber mit dem Taxi schnell zu erreichen.

KUNSTGEWERBE
Die *Flohmärkte* von San Telmo und San Isidro laden sonntags zum Bummeln ein. Die ganze Woche über geöffnet haben die Antiquitätengeschäfte rund um die *Plaza Dorrego* (U E6) (🔲 e6) in San Telmo zwischen Carlos Calvo, Defensa und Bolívar. In den Fair-Trade-Geschäften von ❂ *Arte y Esperanza (Balcarce 234 |*

rinnen stellen in Santiago del Estero Teppiche und Wandteppiche her, die in einem Fair-Trade-Projekt in Buenos Aires und Mailand ausgestellt und vertrieben werden. Vor Ort werden im Rahmen des Projekts junge Weberinnen ausgebildet *(www.asociacionadobe.com).*

LEDERWAREN
In den Ladengalerien der zentralen Fußgängerstraßen *Florida* und *Lavalle* sowie in den angrenzenden Straßen gibt es zahlreiche Ledergeschäfte. Der schwache Peso hat Lederwaren zum beliebtesten Einkaufsobjekt für Touristen gemacht. Ty-

pische Mitbringsel sind originelle Handtaschen: *Casa López (Marcelo T. de Alvear 640 und 658 | (U E3) (🚇 e3) und Local 241 in den Galerías Pacífico | Florida/Córdoba | (U E3) (🚇 e3) | www.casalopez. com.ar)* oder *François Saber (Rodríguez Peña 1986 | (U D3) (🚇 d3))*. **INSIDER TIPP** Avantgardistisches Lederdesign gibts in Palermo Viejo bei *Uma (Honduras 5225 | (0) (🚇 0))*. **INSIDER TIPP** Lederkleidung zum besten Preis findet man auf Höhe der Nummern 600–700 der Straße *Murillo (0) (🚇 0)* in Chacarita *(Murillo 666, Siciliano, SLM, El Calafate)*. Exklusiv und teuer ist hingegen *La Martina (Av. Alvear 1920 | (U D2) (🚇 d2) | www.lamartina cueros.com)*.

Elegante Damenschuhe bietet *Ricky Sarkany* im *Shopping Patio Bullrich (Av. Libertador 740 | (U E2) (🚇 e2) | www.ricky sarkany.com)* und in anderen großen Kaufhäusern. Herrenschuhgeschäfte konzentrieren sich hauptsächlich in der Fußgängerzone *Florida (U E3–4) (🚇 e3–4)* zwischen Avenida Santa Fe und Avenida Corrientes.

MUSIK

DVDs und CDs kauft man günstig in der Fußgängerzone *Florida (U E3–4) (🚇 e3–4)* oder auf der *Avenida Corrientes* zwischen Avenida 9 de Julio und Avenida Callao *(U D4) (🚇 d4)*. An der letzteren Ecke befindet sich *Zival's*, ein Lokal mit ausgezeichneter Tangoauswahl und gutem CD-Sortiment.

SCHMUCK & ACCESSOIRES

Origineller Modeschmuck bei *La Mercería (Armenia 1708 | (U A2) (🚇 a2) und Vicente López 1791 | (U D3) (🚇 d3))* und *Luna Garzón (Libertad 1185 | (U D3) (🚇 d3) | www.lunagarzon.net)*. Modernen Schmuck bieten übers Internet *María Medici (www.mariamedici.com.ar)* und die Juweliere des interessanten Webportals *Joyeros Argentinos (joyeriacon temporanea.net)*. Zeitgenössisches Design und allerlei Objekte in traditionellen und unkonventionellen Materialien finden sich bei *Calma Chicha (Honduras 4909 | (0) (🚇 0) | www.calmachicha. com)*.

RETRO AUF ARGENTINISCH

Die Gauchos kauften ihre *yerba mate* einst in der *pulpería,* einer Art argentinischer Tante-Emma-Laden, in dem sie sich neben Artikeln des täglichen Bedarfs auch Arbeitskleidung und Tabak besorgten und sich ein Glas Wein einschenken ließen. Einige wenige *pulperías* haben in Buenos Aires, San Antonio de Areco *(La Blanqueada, Bar El Resorte, Pulpería Don Ricardo, Almacén Los Principios)* und anderen Städten überlebt. In jüngster Zeit werden sie von jungen Gästen wiederentdeckt, die in der Tradition des Gläschens Wermut oder Genever zur traditionellen *picada* (Oliven, Käse, Salami) einen Ausgleich suchen zum Übermaß an *cool* und *fashion* – z. B. im *El Federal (Uriarte 1667 | (0) (🚇 0))* in Palermo. In der Nähe befindet sich das *Oro & Cándido (Cabrera 4667 | (U A2) (🚇 a2) | www.oroycandi do.com.ar | €€–€€€)*, ein originelles Lokal, in dem Sie zu Bier und Wein Quinoa-*empanadas* oder Lamarippchen genießen können. Auch im *Restaurant Cumaná (Rodríguez Peña 1149, (U D3) (🚇 d3))* in Recoleta findet man das Ambiente der *pulperías* wieder.

Eine Cafélegende: Das nostalgische Tortoni ist heute auch Kulisse für Jazz und Tangoevents

SECONDHANDKLEIDUNG

Kleider und Hüte aus den Vierziger- bis Siebzigerjahren führt *Feria Alma Zen (Anchorena 660 |* (U B3) *(*☐ *b3) | www.feria almazen.com.ar).*

FREIZEIT & SPORT

Buenos Aires verfügt erst seit wenigen Jahren über ein Netz von Fahrradwegen *(www.buenosaires.gov.ar/areas/com_so cial/moverse/bicisendas)* auf einigen Straßen, die das Zentrum mit San Telmo und Palermo verbinden. Verschiedene Vermieter organisieren auch Biketouren zu den Sehenswürdigkeiten der Stadt, z. B. *La Bicicleta Naranja (Pasaje Giuffra 308 | Tel. 011 43 62 11 04 | www.labicicleta naranja.com.ar), Bike-Tours (San Martín 910, 6° | Tel. 011 43 11 51 99 | www.bike tours.com.ar)* und *Urbanbiking (Moliere 2801 | Tel. 011 45 68 43 21 | www.urbanbi king.com).*

AM ABEND

Buenos Aires bietet ein breites Abendprogramm. Nach 22 Uhr strömen die Nacht-schwärmer in die City, nach San Telmo, Palermo und Recoleta. Man legt Wert auf elegante Kleidung, allerdings sind, kombiniert mit witzigem Zubehör, auch Jeans und Turnschuhe stadtfein. Aktuelle Infos auf *www.vuenosairez.com* und *www.wipe.com.ar.*

CAFÉS

Die Cafés an allen Ecken geben der Stadt einen gemütlichen Charakterzug und sind ein angenehmes Gegengewicht zur Hektik des Straßenlebens. Tango und Nostalgie gehören zum Flair dazu. Das *Café Tortoni (Av. de Mayo 825 |* (U E4) *(*☐ *e4) | www.cafetortoni.com.ar),* die etwas heruntergekommene *Confitería Ideal (Suipacha 384 |* (U E4) *(*☐ *e4) | www.confiteriaideal.com)* und das neu aufgeputzte *Las Violetas (Medrano/Av. Rivadavia |* (U A5) *(*☐ *a5) | www.lasviole tas.com)* gehören zu den traditionellsten. Aber auch im anspruchsvollen *La Biela (Quintana 600/Ortiz |* (U D2) *(*☐ *d2) | www.labiela.com)* in Recoleta oder im bescheideneren *Varela Varelita (Scalabrini Ortiz/Paraguay |* (U A2) *(*☐ *a2)* wurde viel des Alltags und der Geschichte der *porteños* entschieden oder wenigstens ausgiebig besprochen.

KINO

Über 220 Kinosäle bieten ein breites Filmangebot, das auch für all jene interessant ist, die nicht Spanisch sprechen, denn praktisch alle Filme laufen im Original mit spanischen Untertiteln (ausgenommen ein Teil der Kinderfilmvorstellungen). Raritäten werden im Kino des Stadttheaters San Martín *(Sala Lugones | Corrientes 1530 | (U D4) (M d4))* und im Universitätskino *Cine Cosmos (Corrientes 2046 | (U C–D4) (M c–d4))*, argentinische Filme in den Kinosälen *Cine Gaumont (Rivadavia 1635 | (U D4) (M d4)), La Máscara (Piedras 736 | (U E5) (M e5))* und *Arte Cinema (Salta 1620 | (U D6) (M d6))* gezeigt. Es gibt täglich bis zu sechs Vorführungen in jedem Haus und samstags dazu noch eine Spätvorstellung ab 1 Uhr. *Eintritt 38 Pesos, Mo–Mi alle Vorstellungen und Do–So vor 15 Uhr 27 Pesos*

MUSIK & DISKOTHEKEN

Im INSIDER TIPP *Milión (Paraná 1048 | (U D3) (M d3) | www.milion.com.ar)*, einem dreistöckigen, 100-jährigen Haus, trifft sich im Innern oder im Garten internationales Publikum allen Alters zu Bier, Imbiss, Musik und Kunst. Salsa, Bolero und Merengue wird im *Azúcar (Corrientes 3330 | (U B4) (M b4) | www.azucarsalsa. com)* und im *La Salsera (Yatay 961 | (0) (M 0) | www.lasalsera.com)* gelehrt und getanzt.

Zu den beliebtesten Diskos gehören *Pachá (Av. Rafael Obligado/Pampa an der Costanera Norte | (0) (M 0) | www.pachabuenosaires.com)* direkt am Río de la Plata und *Niceto (Niceto Vega 5510 | (0) (M 0) | www.nicetoclub.com)*, wo auch die beste Livemusik auf die Bühne kommt. In den Arkaden unter der Bahn zählt das von Campino und den Toten Hosen für ihre Auftritte in Buenos Aires bevorzugte *The Roxy (Casares/Av. Sarmiento | (0) (M 0) | www.theroxybsas. com.ar)* zu den viel besuchten Stationen

Club Museum: Auf drei Ebenen treffen sich Amüsierwillige in einer alten Fabrikhalle

des Nachtlebens. Der *Kika Club (Honduras 5339 | (0) (ⓜ 0) | www.kikaclub.com.ar)* ist eine der beliebtesten Diskos; es liegt an dem Bahngelände, das Palermo Hollywood von Palermo Soho trennt. Im fast 100-jährigen Fabrikgebäude der *Ciudad Cultural Konex (Sarmiento 3131 | (U B4) (ⓜ b4) | www.ciudadculturalkonex.org)* gibt es Tanz, Musik und Theater in allen Varianten. In der Bar *Notorius (Av. Callao 966 | (U D3) (ⓜ d3) | www.notorius.com.ar)* spielen die besten Jazzmusiker der lokalen Szene. In einer von Gustave Eiffel gebauten ehemaligen Fabrik glänzt die Disko *Club Museum (Perú 535 | (U E5) (ⓜ e5) | www.clubmuseum.com.ar)*. Einen guten Drink zur Happy Hour bekommt man am Abend nach Büroschluss in der ● *Gran Bar Danzón (Libertad 1161 | (U D3) (ⓜ d3) | www.granbardanzon.com.ar)* mit großer Weinauswahl, guter Küche und gelegentlichem Livejazz.

TANGO

Wer mag, kann in der Tangohauptstadt abends Tanzunterricht nehmen. Wer es wagt, kann auch im *Gricel (La Rioja 1180| (U B6) (ⓜ b6) | www.clubgriceltango.com.ar)* Tango tanzen oder auch nur vom Tisch aus zuschauen, wie die Paare auf dem Parkett komplizierte Figuren beschreiben. Weitere Lokale: ● *Torquato Tasso (Defensa 1575 | (U E6) (ⓜ e6) | Tel. 011 43 07 65 06 | www.torquatotasso.com.ar)* INSIDER TIPP mit der besten Livemusik, *La Viruta (Armenia 1366 | (0) (ⓜ 0) | Tel. 011 47 74 63 57), Salón Canning (Scalabrini Ortiz 1331, (U A2–3) (ⓜ a2) | Tel. 011 48 32 67 53), Sin Rumbo (Tamborini 6157 | (0) (ⓜ 0) | Tel. 011 45 71 95 77)* oder INSIDER TIPP *Club Sunderland (Lugones 3161 | (0) (ⓜ 0) | Tel. 011 45 41 97 76)*. Im Letztgenannten im abgelegeneren Stadtteil Saavedra lebt noch das echte Klima nichttouristischer Tangoveranstaltungen. Die nichtssagende Sporthalle

verwandelt sich nachts in einen mit Nachbarn, Experten und Neulingen voll besetzten Tanzsaal.

Die Tanzveranstaltungen beginnen etwa um 22 Uhr ein- oder zweimal in der Woche pro Saal, sodass man jeden Tag woanders tanzen kann. Etwa zwei Stunden vor dem öffentlichen Tanz, der *milonga*, wird in den meisten Sälen für rund 35 Pesos pro Person das Tangotanzen gelehrt. Höhepunkt der Tangosaison, an dem alle oben erwähnten Tanz- und Musikstätten und viele weitere teilnehmen, ist das ★ *Tango Buenos Aires Festival y Mundial (www.tangobuenosaires.gob.ar)* mit Tangoweltmeisterschaft im August.

Künstlerische Tangoshows (reservieren!) gibt es z. B. im *Señor Tango (tgl. ab 20.15 Uhr | Vieytes 1655 | (0) (ⓜ 0) | Tel. 011 43 03 02 31 | Eintritt ohne/mit Abendessen 40/110 Euro | www.senortango.com)* und in der *Esquina Carlos Gardel (Carlos Gardel 3200 | (U B4) (ⓜ b4) | Tel. 011 48 67 63 63 | 75–220 Euro | www.esquinacarlosgardel.com.ar)*. Tango mit Orchester (am Wochenende unbedingt reservieren!) bieten *Madero Tango (Alicia Moreau de Justo/Brasil | (U F6) (ⓜ f6) | Tel. 011 43 14 66 88 | 25–165 Euro | www.maderotango.com)* und *El Viejo Almacén (Balcarce 799 | (U E5) (ⓜ e5) | Tel. 011 43 07 73 88 | 55–110 Euro | www.viejoalmacen.com)*.

Intimer als in den großen Touristenshows erlebt man die getanzte Geschichte des Tangos im *El Barracas (Villarino 2359 | Estación Hipólito Yrigoyen | Barracas | (U E5) (ⓜ e5) | Tel. 011 43 01 67 58 | 110 Euro mit Abendessen | www.elbarracas.com.ar)*. Im *12 de Octubre (Di–Sa | Bulnes 331, (U A4) (ⓜ a4) | Tel. 011 48 62 04 15 | www.barderoberto.com.ar)* – auch INSIDER TIPP *Bar de Roberto* genannt – singen noch wie in den alten Bars der Vorstädte mehr oder weniger professionelle Stammgäste einfach mit

Die Kuppel im Hauptsaal des 2010 restaurierten Teatro Colón ist stattliche 43 m hoch

einer Gitarre am Tisch oder sogar a cappella.

Auf der Website *www.tangocity.com* findet man ausgiebige aktuelle Informationen (auch auf Englisch) über Tangokurse, Shows und Tanzveranstaltungen („Milongas"). Eine weitere Website zum Tango in Buenos Aires ist *www.todotango.com*. Im Stadtteil Abasto können Sie das Haus von Carlos Gardel besuchen *(Museo Casa Carlos Gardel | Mo und Mi–Fr 11–18, Sa/So 10–19 Uhr | Eintritt 1 Peso, Mi frei | Jean Jaurés 735 | (U B3–4) (ℳ b3–4) | www.museocasacarlosgardel.buenosaires.gob.ar).*

THEATER & OPER ●

Argentiniens Metropole zählt um die 200 Theatersäle, von denen etwa die Hälfte dem sogenannten *teatro independiente* angehören, dem unabhängigen Theater *(www.alternativateatral.com),* das mit der Krise der letzten Jahre ein Aufblühen als kollektiver Treffpunkt der *porteños* erlebte. Zu den besten Bühnen gehören das Stadttheater *San Martín (Corrientes 1530 | (U D4) (ℳ d4) | Tel. 011 43 71 01 11 | www.teatrosanmartin.com.ar),* das Nationaltheater *Cervantes (Libertad 815 | (U D3) (ℳ d3) | Tel. 011 48 15 88 43 | www.teatrocervantes.gov.ar), La Plaza (Corrientes 1660 | (U D4) (ℳ d4) | Tel. 011 63 20 53 00 | www.paseolaplaza.com.ar)* sowie für die Avantgarde im Off-Corrientes das **INSIDER TIPP** *El Camarín de las Musas (Mario Bravo 960 | (U B3) (ℳ b3) | Tel. 011 48 62 06 55 | www.elcamarindelasmusas.com.ar)* mit einem sympathischen Restaurant im Foyer und das *Sportivo Teatral (Thames 1426 | (O) (ℳ O) | Tel. 011 48 33 35 85 | www.sportivoteatral.com.ar).*

Das legendäre Opernhaus ★ *Teatro Colón (Cerrito zwischen Tucumán und Viamonte | (U D–E4) (ℳ d–e4) | www.teatrocolon.org.ar)* soll nach Meinung vieler Experten die beste Akustik der Welt haben. Die Oper wurde 1908 eingeweiht. Drei Architekten leiteten den 20 Jahre andauernden Bau, unter ihnen Víctor Meano, der auch das Kongressgebäude in Buenos Aires entwarf. Fast 3000 Zuschauer können unter der vom argentinischen Künstler Raúl Soldi ausgemalten Kuppel zusammenkommen. Auf der 32 m breiten Bühne sangen Maria Callas, Enrico Caruso und Luciano Pavarotti, dirigierten Arturo Toscanini, Wilhelm Furtwängler, Herbert von Karajan und natürlich auch der in Argentinien geborene Daniel Barenboim, spielte Yehudi Menuhin und tanzte Rudolf Nurejew.

ÜBERNACHTEN

AMABLE BA (0) (⌂ 0)
Modern ausgestattetes Haus im Mixkonzept eines Boutiquehostels. Mit Terrasse, günstig gelegen an der U-Bahnlinie im Stadtteil Almagro unweit von Palermo. *Av. Corrientes 4965 | Tel. 011 45 87 74 05 | www.amableba.com.ar | €€*

CASA SOL Y SOMBRA (U A3) (⌂ a3)
Im ruhigen Viertel Almagro aber ganz nah an Palermo, liegt das Fünfzimmerhaus aus den Zwanzigerjahren, in dem eine Schweizerin dieses nette B & B eingerichtet hat. *Palestina 1037 | Tel. 011 48 64 31 11 | www.casasolysombra.com | €€*

CHE LAGARTO (U E5) (⌂ e5)
Hostel in San Telmo, beliebter Treffpunkt junger Reisender. 100 Betten in 20 Zimmern. *Venezuela 857 | Tel. 011 43 43 48 45 | www.chelagarto.com | €*

CHE LULÚ (U A2) (⌂ a2)
Als Avantgardehotel bezeichnet sich dieses Haus der Trendy Hotels Group. Auch möblierte Apartments werden in unmittelbarer Nähe angeboten. *8 Zi. | Emilio Zolá 5185 | Tel. 011 47 72 02 89 | www.chelulu.com | €€*

THE COCKER (U E6) (⌂ e6)
Fünf Zimmer in einem Altbau in San Telmo, von den englischen Gastgebern liebevoll eingerichtet. *Av. Juan de Garay 458 | Tel. 011 43 62 84 51 | www.thecocker.com | €€–€€€*

ESPLENDOR PHOENIX (U E3) (⌂ e3)
Das älteste Hotel der Stadt glänzt in neuer Designerausstattung. Zentrale Lage — reservieren Sie in den oberen Etagen, vom Straßenlärm weg. Gutes Restaurant. *51 Zi. | San Martín 780 | Tel. 011 52 17 57 00 | www.esplendorbuenosaires.com | €€–€€€*

FAENA HOTEL (U F5) (⌂ f5)
Ein altes Dockgebäude in Puerto Madero, von den Topdesignern Alan Faena und Philippe Starck in ein Luxushotel im leicht dekadent gefärbten Stil der Belle Époque umgewandelt. *110 Zi. | Martha Salotti 445 | Tel. 011 40 10 90 00 | www.faenahotelanduniverse.com | €€€*

GRAN HOTEL HISPANO (U E4–5) (⌂ e4–5)
Die 60 Zimmer reihen sich um einen spanischen Innenhof. *Av. de Mayo 861 | Tel. 011 43 45 20 20 | www.hhispano.com.ar | €€*

HOME HOTEL ♻ (0) (⌂ 0)
Ein noch recht neues Hotel in Palermo mit Ökomanagement, Swimmingpool, Spa und Restaurant. *20 Zi. | Honduras 5860 | Tel. 011 47 78 10 08 | www.homebuenosaires.com | €€€*

NH JOUSTEN (U E4) (⌂ e4)
Stilvoller Bau von 1928, aber restauriert. Zentral in der City gelegen. *84 Zi. | Corrientes 280 | Tel. 011 43 21 67 59 | www.nh-hotels.com | €€€*

LIVIAN GUEST HOUSE (U A3) (⌂ a3)
Sechs Zimmer in einem alten Haus, in dem bildende Kunst und Musik die Atmo-

sphäre prägen. *Palestina 1184 | Tel. 011 48 62 88 41 | www.livianguesthouse.com. ar | €€*

RECOLETA HOSTEL (U D3) (ad d3)

Jugendhotel mit 70 Betten, Hostelling International angeschlossen. *Libertad 1216 | Tel. 011 48 12 44 19 | www.trhostel. com.ar | €*

TANGO CITY (U E5) (ad e5)

Hostel mit 102 Betten und Internetzugang in San Telmo; vor allem junge Europäer und Nordamerikaner wohnen hier gern. *Piedras 680 | Tel. 011 43 00 57 64 | www.hitangocity.com | €–€€*

AUSKUNFT

Es gibt zahlreiche Informationsstände in der Innenstadt sowie an den Flughäfen *(www.bue.gov.ar).* Zentrale der *Secretaría de Turismo: Av. Santa Fe 883,* (U E3) (ad e3) *| Tel. 0800 5 55 00 16 | www.turismo.gov.ar*

ZIELE IN DER UMGEBUNG

ESTANCIAS (139 D5) (ad E7)

Viele Landgüter, die *estancias,* laden in der Umgebung zu einer Landpartie ein. Auf der *Estancia Los Talas (Tagesausflug 200 Pesos/Person, mit Übernachtung und Vollpension 400 Pesos | Cuartel III, RP 47 Richtung Navarro | Tel. 02323 49 49 95 | biblioteca_furt@yahoo.com. ar)* 80 km westlich in der Nähe von Luján gibt es ● Reitausflüge, Sulkyfahrten über die Felder und *asado,* aber auch eine eindrucksvolle Bibliothek mit 40 000 Büchern im rustikalen Haus von 1824. Um das prachtvolle Landhaus der **INSIDER TIPP** *Estancia Villa María* erstreckt sich ein großer Park. Reiten und ein ● *asado* gehören zum Programm *(Tagesausflug 100 Euro, mit Übernachtung 350 Euro/DZ | Máximo*

Paz | Ruta 205 km 47,5 | Tel. 011 48 32 87 37 | www.estanciavillamaria.com).

LA PLATA ⭐ (139 F5) (ad E7)

50 km von Buenos Aires entfernt liegt die Provinzhauptstadt La Plata. Am Reißbrett entworfen, entstand 1882 eine moderne Stadt mit architektonischen Schmuckstücken. Das perfekte Schachbrettmuster wird von vier Diagonalen durchzogen, die zu den öffentlichen Plätzen führen. Diese befinden sich jeweils in exakt gleichem Abstand zueinander.

Der schönste Spaziergang durch die Stadt (680 000 Ew.) beginnt auf der *Plaza Moreno,* wo die *Kathedrale* steht, ein neugotisches Werk von 1885, das in Anlehnung an den Kölner Dom und die Kathedrale von Amiens errichtet wurde. Die monumentalen Fenster sind Reproduktionen der Kirchenfenster von Chartres in Frankreich. Der Besuch im *Museo de Ciencias Naturales (Di–So 10–18 Uhr | Eintritt 8 Pesos | Paseo del Bosque | www. fcnym.unlp.edu.ar)* lohnt sich vor allem wegen der einzigartigen paläontologischen Sammlung fossiler Säugetiere. Im 100-jährigen Eckhaus des *Hotels Benevento (29 Zi. | Calle 2 Nr. 645 zwischen Calle 45 und Diagonal 80 | Tel 0221 4 23 77 21 | www.hotelbenevento.com.ar | €€)* finden Sie komfortable Unterkunft. Das *Hostel Frankville (10 Zi. | Calle 46 Nr. 781 zwischen Calles 10 und 11 | Tel. 0221 4 82 31 00 | www.frankville.com.ar | €)* befindet sich nur 300 m vom Hauptplatz.

SAN ANTONIO DE ARECO (138 C4) (ad E7)

Die Gegend um San Antonio de Areco wurde in der Vergangenheit in *estancias* (Landgüter) unterteilt, auf denen Pferde und Rinder gezüchtet werden. Im Museumsdorf *Parque Criollo y Museo Ricardo Güiraldes (Mi–Mo 11–17 Uhr | Eintritt 4 Pesos | www.museoguiraldes.com.ar)* sind einige der Gebäude erhalten, die der Dichter Ricardo Güiraldes in seinem Gauchoepos „Don Segundo Sombra" verewigte. Busse fahren von Buenos Aires nach Areco von der *Busstation Retiro* (U E2) (📖 e2) aus *(60 Pesos hin und zurück)*.

TIGRE ★ (139 E4) (📖 E7)

30 km nördlich von Buenos Aires beginnt das weit verzweigte Delta des Río Paraná. Das rund 2600 km² große Delta ist eine sumpfige Inselwelt. Der südlichste Flussarm ist der Río Luján, an dessen linkem Ufer vor der Mündung in den breiten La-Plata-Strom die Vorstadt Tigre liegt. Zwischen den Flüssen Luján und Paraná erstreckt sich das etwa 100 km² große Naturschutzgebiet *Paraná de las Palmas*. Lastkähne transportieren die Produkte der Region, hauptsächlich Obst, durch das Gewirr der Wasserarme, bunte Märkte laden zum Stöbern ein. Zahlreiche Reisebüros bieten Exkursionen nach Tigre

an. Wer auf eigene Faust fahren möchte, nimmt am besten die Vorstadtbahn in Richung Endstation Tigre vom Bahnhof Retiro aus. Am Kai der Estación Fluvial fahren die *lanchas colectivo* ab, die kleinen Ausflugsdampfer.

In einer halben Stunde erreichen Sie mit dem „Wasseromnibus" von *Interisleña* (Tel. 011 47 49 09 00)* das nette Restaurant *Gato Blanco (Tel. 011 47 28 03 90 | www.gato-blanco.com | €€)* am Ufer des Río Capitán. Im *Alpenhaus (Arroyo Rama Negra | Tel. 011 47 28 04 22 | www.alpenhaus.com.ar | €€–€€€)* am Río Capitán können Sie auch übernachten. Etwas weiter entfernt (90 Minuten Flussfahrt) und abseits vom Wochenendrummel gelegen, ist die ● *Hostería Los Pecanes (Arroyo Felicaria/Canal Feliciano, Segunda Sección | Tel. 011 47 28 19 32 | www.hosterialospecanes.com | €€)*, umschwirrt von vier verschiedenen Kolibriarten, ein schönes Ziel für einen Tagesausflug oder eine Übernachtung.

Im Ausflugsdampfer geht es durch die Wasserwelt nach Tigre vor den Toren der Hauptstadt

DIE OSTKÜSTE

Einer der schönsten Wochenendabstecher von Buenos Aires oder La Plata aus führt an die Atlantikküste. Hier ist die Landschaft so flach, dass der Wind ungehindert über die Pampa hinwegfegen kann. Schon winzige Windmühlen reichen aus, um die Einwohner der Bucht von Samborombón mit Strom zu versorgen. Zunächst ist das Wasser am Strand noch brackig und bietet in ausgedehnten Sümpfen *carpinchos,* den lustigen Wasserschweinen, und den leider inzwischen seltener gewordenen Sumpfhirschen Lebensraum. Ein neuer Naturpark erstreckt sich über 30 km² und soll zum Schutz der bedrohten Arten beitragen *(Parque Nacional Campos del Tuyú | Parkwächter in General Lavalle | Mitre 160 | www.parques nacionales.gov.ar).*

Bei San Clemente del Tuyú, in Punta Rasa, machen alljährlich zahlreiche Zugvögel Station. Auch in den Lagunen im flachen Hinterland der Pampa, die sich auf rund 200 km von Kap San Antonio bis Mar Chiquita erstrecken, kann man Vögel beobachten.

Am Hafen von San Clemente del Tuyú beginnt die Ferienküste Argentiniens. Auf dem Weg von Badeort zu Badeort kommen Sie immer wieder durch völlig unbewohnte Gegenden und Landschaften mit Dünen und Hartgräsern. Hier gibt es keine Schotterstraßen, sondern Muschelschalen bilden den Untergrund, wodurch das Fahren – kein Staub, keine Steine – recht angenehm wird.

Zwischen Pinamar und Miramar finden sich heute dichte Nadel- und Laubwälder,

Bild: Mar del Plata

Sandstrände und Eukalyptuswälder: Die Badeorte an der Atlantikküste südlich von Buenos Aires locken in die Sommerfrische

die die Wanderdünen befestigen und Schatten spenden. In den Dreißigerjahren des 20. Jhs. begannen europäische Einwanderer mit enormer Anstrengung, Bäume in den Dünen zu pflanzen, doch die zarten Pflanzen waren nicht nur Stürmen und dem salpeterhaltigen Salzwasser ausgesetzt, sondern auch zahlreichen Parasiten. Trotzdem verzagten die Siedler nicht, und der Erfolg gibt ihnen heute recht.

Héctor Guerrero begann 1918 auf seiner *estancia* hinter den Dünen Eukalyptus-

bäume und Zedern zu setzen und nannte die grüne Oase Cariló. Das heißt in der Sprache der Mapuche grüne Dünen. Zehn Jahre später gelangte der Schweizer Einwanderer Karl Idaho Gesell an die Küste. Während er noch um seine zarten Zypressen- und Ulmensetzlinge im heutigen Villa Gesell bangte, gründeten Valeria Guerrero und der Architekt Jorge Bunge eine Gesellschaft, die einen ähnlichen Plan verfolgte, der in der Grundsteinlegung von Pinamar endete. Es folgten lange Jahre des Experimentierens und

Aufforstens, bis Akazien, Kiefern, Trauerweiden und Eukalyptusbäume in den Dünen heimisch wurden.

In den Fünfzigerjahren kamen die ersten *porteños* auf die Idee, sich Ferienhäuschen in den noch winzigen Orten am Strand zu bauen oder sich in den Gästehäusern einzumieten. In nur 20 Jahren wurden die Badeorte zu Wallfahrtsorten des Massentourismus – zwischen Dezember und Februar finden sich Tausende Sommerfrischler ein, die Einwohnerzahl wächst um ein Zehnfaches an.

einsame Badestrände, zum Teil mit Felsenküste, geradezu ideal zum Schnorcheln und Tauchen. Nur Argentinier sieht man hier selten.

MAR DEL PLATA

(129 E6) (*🗺️ E8*) Das Seebad Mar del Plata (620 000 Ew.), einst die Stadt der Freude genannt und das reinste Mekka

Strandpromenade in Mar del Plata, der großstädtischen Bademetropole des Landes

Den argentinischen Urlaubern macht dieser Ansturm nichts aus. Sie lieben Geselligkeit und bevorzugen überfüllte Strände. Man sieht sich und will gesehen werden. Insbesondere die Einwohner entlegenerer Gegenden wie etwa Patagonier kommen mit dem Wunsch, ein wenig Hektik und vor allem viel Kultur zu genießen. Tatsächlich verlagert sich das kulturelle Angebot der Hauptstadt im Sommer an die Ferienküste. Aber es gibt auch

für phantasievolle Architekten, besitzt mittlerweile eine fast beängstigende Skyline.
Die Stadt scheint nur noch aus Hoteltürmen und Einkaufszentren zu bestehen. Längst ist die Zeit vorbei, als sich wohlhabende *porteños* hier ihre Wochenendhäuser bauen ließen. Heute ist Mar del Plata hauptsächlich ein Ferienort für Familien aus ganz Argentinien, während sich die Schickeria vorwiegend an Urugu-

ays Strände, etwa nach Punta del Este, zurückgezogen hat.

An den langen, feinsandigen Stränden ziehen sich wie ein Gürtel Badehäuschen und Strandzelte um den Ort und versperren die Sicht auf den tobenden Atlantik. Besonders beliebt bei den Besuchern sind die hoffnungslos überfüllten Stände *Playa Bristol* und *Playa Popular,* an denen das Hotel Provincial und das Kasino stehen. Mar del Plata muss zu Saisonzeiten von Anfang November bis Ostern den Ansturm von 3 Mio. Badegästen über sich ergehen lassen. Gäste, die gar nicht daran denken, sich gleichmäßig über die 20 km Sandstrand zu verteilen. Immer wieder sieht man Gruppen von klatschenden Jugendlichen durch die Sonnenbadenden schreiten. Das bedeutet: Hier ist ein Kind verloren gegangen! Mit dem Kleinen auf den Schultern versucht man nun, durch Klatschen seine Familie wiederzufinden. Auch im Stadtzentrum herrscht Gedränge in den Einkaufszentren der Fußgängerzonen. Wie die meisten Städte Argentiniens ist auch Mar del Plata im Schachbrettmuster angelegt worden.

Im Winter, sagen die Einheimischen, kann man das wirkliche Mar del Plata erleben, die Stadt der Fischer und Hafenarbeiter. Dann wird es so still, dass man abends das Meer rauschen hört. Die Hotelburgen stehen ab April leer, viele Geschäfte und Restaurants sind geschlossen.

SEHENSWERTES

PUERTO ★

Der Hafen ist mehr als einen Besuch wert. Hier können Sie direkt vom Kutter frischen Fisch und Krabben kaufen, den Fischern beim Flicken der Netze und beim Reusenknüpfen zusehen oder sich einfach an dem Schauspiel erfreuen, das die Seehunde beim Einlaufen der Fischflotte

veranstalten. Der Hafen von Mar del Plata, in dem auch heute noch Italienisch gesprochen wird, hat sich im Lauf der Jahre zu einer Art Altersheim für Robben entwickelt. Immer mehr bequem gewordene alternde Seehunde lagern an der steinigen Küste und nahe der Mole und warten auf Fischabfälle. Besonders freche Exemplare wagen sich auch schon mal auf die kleinen Fischerboote.

ESSEN & TRINKEN

Der italienische Einfluss in Mar del Platas Küche lässt sich kaum verleugnen. Neben Pasta gibt es frischen Fisch und originell zubereitete Meeresfrüchtegerichte. Die Auswahl an guten Restaurants ist groß, nur sind sie leider oft sehr voll.

INSIDER TIPP ANTARES

Beliebter Treffpunkt der lokalen Jugend zum hausgebrauten Bier. *Córdoba 3025 und Bernardo Irigoyen 3851 | an der Playa Grande | Tel. 0223 4 92 44 55 |* €

MARCO POLO HIGHLIGHTS

★ **Puerto in Mar del Plata**
Der Hafen der Strandmetropole ist zum Asyl für alternde Robben geworden → S. 57

★ **Cariló**
Der architektonisch gelungene Badeort an der Küste gleicht einem Countryclub → S. 59

★ **Punta Rasa**
Auf der Landzunge werden Sumpfhirsche und Zugvögel geschützt → S. 61

★ **Birdwatching an der Lagune**
Zu Gast bei Weißkehlkolibri und Pampaammer → S. 61

ESPIGÓN DE PESCADORES
Hier isst man Fisch in passender Umgebung: auf dem Fischerclubdamm, umgeben vom Meer. *Escollera del Club de Pescadores | Boulevard Marítimo/Av. Luro | Tel. 0223 4 93 17 13 | €–€€*

PIEDRA BUENA
Der **INSIDER TIPP** beste Schwarzhecht *(merluza negra)* im Fischrestaurant im Hafen. *Centro Comercial del Puerto | Local 7 | Tel. 0223 4 80 16 32 | www.piedrabuena-mdq.com.ar | €€–€€€*

VIENTO EN POPA
Beliebtestes Fischrestaurant in Mar del Plata. *Av. Martínez de Hoz 257 | Tel. 0223 4 89 02 20 | €€–€€€*

AM ABEND
Das abendliche Unterhaltungsangebot ist enorm vielfältig und wird durch alljährlich stattfindende Filmfestivals und Kunstausstellungen bereichert. Es lohnt

LOW BUDG€T

▶ Bei *Carlitos (Paseo 104/Av. 2 und 3 und Av. 3/Paseo 108 | Tel. 02255 46 46 11 | www.carlitoselrey.com.ar)*, dem Pfannkuchenkönig in Villa Gesell, können Sie unter 300 Sorten – süß oder salzig – wählen: ab 16 Pesos pro Stück.

▶ ● Après Beach: Musik, Mode und Gym – an den Stränden in Pinamar beginnen im Januar/Februar bei Sonnenuntergang die Gymsessions, Modeschauen und Rock- und Popkonzerte, und zwar umsonst für jedermann.

sich, beim *Ente Municipal de Turismo (Emtur)* nach dem Programm zu fragen.

ÜBERNACHTEN
Die Stadt besteht hauptsächlich aus Hoteltürmen und Gasthäusern, auch private Unterkünfte und Ferienbungalows sind zu haben. Während der Sommermonate empfiehlt es sich, bereits von Buenos Aires aus zu reservieren, da es oft zu Engpässen kommt, wenn sich zu den Sommerfrischlern auch noch Ärzte- und Chemikerkongresse gesellen.

HOTEL CALASH
Ruhiges, helles Haus im Tudorstil in der Nähe von Strand und Busterminal. *21 Zi. | Falucho 1355 | Tel. 0223 4 51 61 15 | www.entodalacosta.com.ar/calash | €€*

HERMITAGE HOTEL
Das traditionelle Luxushotel der Patrizierfamilien, renoviert, mit 330 Zimmern. *Av. Colón 1643 | Tel. 0223 4 51 90 81 | www.hermitagehotel.com.ar | €€€*

IRUÑA
Zentral gelegen, doch mit freier Sicht auf Strand und Meer. *104 Zi. | Diagonal Alberdi 2270 | Tel. 0223 4 91 10 60 | www.hotel iruna.com | €€–€€€*

AUSKUNFT
ENTE MUNICIPAL DE TURISMO
Bulevar Marítimo Peralta Ramos 2270 | Local 51 | Tel. 0223 4 95 17 77 | www.turis momardelplata.gov.ar

ZIELE IN DER UMGEBUNG
BARRANCA DE LOS LOBOS
(129 E6) (*E8*)
20 km südlich der Stadt gibt es hier noch eine Seelöwenkolonie in natürlicher Um-

gebung am Steinstrand vor 20 m hohen Klippen.

CARILÓ, PINAMAR UND VILLA GESELL
(129 E6) *(ᗰ E8)*

Der wohl schönste Ort an der gesamten Ferienküste, das rund 120 km nördlich von Mar del Plata gelegene ★ *Cariló,* ist umweltfreundlich mit Jeeps oder mit einem Strandbuggy in Geländefahrt über Dünen den ☀️ INSIDER TIPP▸ *Faro Querandí* erreicht. 276 Stufen führen den 54 m hohen Leuchtturm hinauf. Der Ausblick ist schwindelerregend, da schon das Turmfundament auf einer Höhe von 64 m über dem Meeresspiegel steht.

Dünenausflug bei Villa Gesell: besser mit Pferden als mit Pferdestärken

als Countryclub angelegt worden. Dichter Wald zwischen den Häuschen sorgt für Abgeschiedenheit. Noch sind die Straßen nicht asphaltiert, und auch was die Architektur betrifft, ist die Stadtverwaltung streng: Neue Projekte müssen sich harmonisch in das Gesamtbild einfügen. Im Januar wird am Strand ein Poloturnier auf Sand gespielt; die Reiter gehören zur Poloelite, doch der Eintritt ist frei.

Nur 10 km weiter nördlich liegt der größere Ferienort *Pinamar* mit allen erforderlichen Dienstleistungen, die in Cariló nicht unbedingt zu finden sind, und knapp 10 km südlich das ebenfalls größere *Villa Gesell,* von wo aus man wenig

In Cariló wohnen Sie komfortabel im *Marcín (Laurel/Albatros | Tel. 02254 57 08 88 | www.hotelmarcin.com.ar | €€€)* mit 67 Zimmern und direktem Zugang zum Strand. Zum Haus gehört das Restaurant *Chenin (€€)* mit Mittelmeerküche. Wer Abwechslung zur Meeresküche sucht, bekommt im *Tante (Divisadero 1470 | Tel. 02254 57 11 11 | www.tante.com.ar | €€)* Gulasch und Rehbraten, aber auch ein reiches Kuchenangebot zur Teestunde. Ein kinderfreundliches Apartmenthotel mit Pool und Sportgelegenheiten ist – ebenfalls in Cariló – das *Villa Corral (24 Apartments | Avellano 170 | Tel. 02254 47 04 02 | www.vcorral.com | €€–€€€).*

FANGIO-MUSEUM BALCARCE
(129 E6) (*E8*)

Knapp 70 km westlich von Mar del Plata kommt man über die RN 226 nach Balcarce, der Heimatstadt des Rennfahrers Juan Manuel Fangio (1911–1995). Der fünffache Formel-1-Weltmeister hat dort ein Automobilmuseum gegründet, in dem die 46 Rennwagen ausgestellt werden, die Fangio fuhr: von einem Ford A 1929 über die Mercedes- Silberpfeile W 196 und 300 SLR bis zum Lancia-Ferrari D 50. *Tgl. 10–17 Uhr | Eintritt 35 Pesos | Dardo Rocha/Mitre | www.museofangio. com*

MAR DE LAS PAMPAS, LAS GAVIOTAS UND MAR AZUL (129 E6) (*E8*)

100 km nördlich von Mar del Plata kurz vor Villa Gesell bieten diese drei ineinander übergehenden kleinen Strandorte einen intimeren Kontakt zu Meer, Sand und Wald. Aufforstung hat hier die Dünen gefestigt und einen Lebensraum für zahlreiche Vögel geschaffen.

SAN CLEMEN-TE DEL TUYÚ

(129 E6) (*E8*) **330 km von der Hauptstadt entfernt liegt die erste Strandperle (15 000 Ew.) an der lang gezogenen Bahía Samborombón.**

San Clemente ist eher schlicht und ein Ferienort, der sich vor allem für Familien eignet. Seine eigentliche Attraktion liegt außerhalb: der wunderschöne Naturschutzpark auf der Landzunge Punta Rasa.

SEHENSWERTES

OZEANARIUM MUNDO MARINO

Im Ozeanarium sind neben Delphinen, Pinguinen, Robben und Seelöwen auch dressierte Raubwale zu sehen, die verletzt am Strand gerettet wurden. Auch 3 km weite Krebskolonien können vom Ozeanarium aus besichtigt werden. *Jan./*

Erfreut Ornithologen und flügellahme Zugvögel: Reserva Punta Rasa

Feb. tgl. 10–20, März und Dez. 10–18, April–Nov. Fr–So 10–18 Uhr | www.mundo marino.com.ar

PUNTA RASA ⭐

Vom Leuchtturm ☀ *Faro San Antonio* aus überblickt man die gesamte Landzunge Punta Rasa. Eine imaginäre Linie zieht von hier aus bis Punta del Este, dem mondänen Strandort am südöstlichen Ende Uruguays, die Grenze zwischen Río de la Plata und Atlantischem Ozean. Das farblich gemischte, leicht trübe und nur schwach salzige Wasser zeugt vom Übergang vom Fluss zum Meer. Auf mehreren Küstenstreifen erstrecken sich weite Krebskolonien, ein Leckerbissen für die Zugvögel, die daher in Scharen Punta Rasa anfliegen.

Beim Leuchtturm befindet sich in einem großen Park das Thermalbad *Termas Marinas (Jan./Feb. tgl. 10–20, März und Dez. 10–18, April–Nov. Fr–So 10–18 Uhr | ter masmarinas.com.ar).* Um das Bad erstreckt sich die 5 km² große ● *Reserva Punta Rasa (www.puntarasa.com.ar),* ein wichtiges Beobachtungszentrum für Zugvögel. Rund 100 000 Vögel ruhen sich hier jährlich von ihrem langen Flug aus der nördlichen Hemisphäre aus: Kiebitze und Regenpfeifer, Wasserläufer und Schnepfen, Wander- und Sturmseeschwalben kommen zwischen Oktober und April von der Ostküste der Vereinigten Staaten und aus Alaska, aber auch aus Skandinavien über Madeira nach Punta Rasa. Eine zweite Vogelschar kommt zwischen April und September aus dem tiefen Süden, um im milderen Pampaklima zu überwintern.

ESSEN & TRINKEN

LOS MUGU

Fisch (Spezialität gegrillte Meeräsche) und Meeresfrüchte in einem soliden Familienbetrieb am Hafen. *Av. 11 Nr. 240 | Tel. 02252 42 11 48 | €*

LA QUERENCIA

Regionale Küche, Fisch, Paella. *Calle 1 Nr. 2453 | Tel. 02252 42 30 81 | €*

ÜBERNACHTEN

CORREA PLAYA

Schlichtes Haus mit 30 Zimmern, guter Service. Von April bis November nur am Wochenende geöffnet. *Talas del Tuyú 2883 | Tel. 02252 42 12 12 | www.hotelcorr ea.com.ar | €*

GRAN HOTEL FONTAINEBLEAU ☀

Hotelkasten mit 79 renovierten Zimmern, alle mit Blick aufs Meer. *Calle 3/Costanera | Tel. 02252 42 11 87 | www.fontaine bleau.com.ar | €€*

THERMAL RESORT

Modernes Apartmenthotel mit kleinem Pool, Tennisplatz und Frühstückssaal. *14 Apartments | Av. 3 Nr. 3050 | Tel. 02252 52 75 85 | www.thermalresort.com.ar | €€*

ZIEL IN DER UMGEBUNG

ESTANCIA JUAN GERÓNIMO

(129 E5) (𝑚 E8)

Auf halbem Weg zwischen Buenos Aires und San Clemente befindet sich die *estancia (11 Zi. | Tel. 02221 48 14 14 | www. juangeronimo.com.ar | €€€)* auf einem 40 km² weiten Gelände (Unesco-Biosphärenreservat). Sie ist ein idealer Ausgangsort für ⭐ Birdwatching an der Lagune – fast 60 verschiedene Arten kann man beobachten. Eine **INSIDER TIPP** zweitägige Tour mit Ornithologen (auch englisch oder deutsch) können Sie beim Tourismusbüro *Flyer (Reconquista 617 | Tel. 011 43 13 82 24 | www.flyer.com.ar)* in Buenos Aires buchen.

DER NORDWESTEN

Der Nordwesten gehört zu den landschaftlich interessantesten Regionen Argentiniens. Die sanften Bergketten Córdobas setzen sich fort in der Hochkordillere der Cuyoregion.

In ihrem Westen erhebt sich drohend die Hochkordillere mit verschneiten Gipfeln: Der größte unter ihnen ist der legendäre Aconcagua (6960 m), der zugleich auch der höchste Berg des Kontinents ist. Im Süden und auch im Norden nimmt die Zahl der Vulkane zu. 320 km nördlich von San Juan liegt der Nationalpark Ischigualasto, auch Mondtal, Valle de la Luna, genannt. Faszinierende Steinformationen und vom Wind geformte Skulpturen hinterlassen ein Gefühl von Unwirklichkeit. Auch im hohen Norden, in der Quebrada de Humahuaca nördlich von Jujuy, hat

die Natur für ein besonderes Schauspiel gesorgt. Die Bergketten sind mit bunten Erzen durchsetzt und bilden so in leuchtendem Rot, Gelb und Blau einen dramatischen Gegensatz zum Grün der haushohen Kandelaberkakteen.

Im gesamten Nordwesten sind die Spuren indianischer Tradition noch lebendig. Hier ist *Pachamama,* die Erd- und Fruchtbarkeitsgöttin, zu Hause. Sie wird noch heute von den Indianerstämmen verehrt und häufig mit Mutter Maria gleichgestellt. Hier im Nordwesten liegen aber auch die ältesten Kolonialstädte des ehemaligen Vizekönigreichs Río de la Plata. Den Handelswegen der Inkas folgend, errichteten die Konquistadoren im 16. Jh. ihre Städte in dem Korridor zwischen der Hafenstadt Buenos Aires und dem fernen

Im Land der Pachamama: In dieser farbenprächtigen Landschaft ist die Kultur der Indianer noch präsent

Lima. Das Klima im Nordwesten mit extrem heißen Temperaturen ist ideal für den Weinanbau. Sonnenschein und wenig Niederschläge lassen in Salta, Cafayate, San Juan und Mendoza Spitzenweine heranreifen.

CÓRDOBA

(137 E3) (CO C6) Die 1573 gegründete Universitätsstadt liegt inmitten der dicht besiedelten Provinz gleichen Namens.

Parallel verlaufende Bergketten, die Sierras, und vier große Flüsse gliedern die Provinz. Hier vereinigen sich Pampa und Sierra, kakteenbestandene Steppe, reiche Wälder und fruchtbare Flusstäler. Die Region hat eine gute touristische Infrastruktur entwickelt. Im Sommer stellen sich die vielen Ortschaften auf argentinische Urlauber ein, die am *Mar Chiquita,* dem riesigen Salzsee im Nordosten der Provinz, baden wollen oder zum Fischen und Wandern herkommen. Einige Orte wie etwa Villa Carlos Paz, Cosquín und

CÓRDOBA

Villa María sind inzwischen zu reinen Touristenzentren geworden, in denen die alten Traditionen nur noch für die Besucher wachgehalten werden.

Die Hauptstadt (1,3 Mio. Ew.) selbst ist nicht nur eine historische Schönheit mit gut erhaltenen Gebäuden aus der Kolonialzeit, sondern auch als Kulturzentrum äußerst interessant. 120 000 Studenten erzählen. An der Plaza San Martín erhebt sich die 1782 geweihte *Kathedrale.* Die harmonische Verbindung von kolonialer Architektur und indianischen Stilelementen macht ihren besonderen Reiz aus. Im *Convento de Santa Teresa* an der Kreuzung Independencia/27 de Abril sollten Sie sich den wunderschönen Innenhof anschauen. Zwei Häuserblocks ent-

Der Kathedralbau in Córdoba mischt Kolonialarchitektur mit indianischen Stilmerkmalen

sorgen für lebhaftes Treiben in der Innenstadt. Córdoba gilt als die heimliche zweite Hauptstadt des Landes.

SEHENSWERTES

KIRCHEN
Die *Basílica de Santo Domingo* mit einem alten Bildnis der Jungfrau des Rosenkranzes erhebt sich an der Kreuzung Deán Funes/Avenida Vélez Sarsfield. Die Außenmauer ist mit bemalten Kacheln geschmückt, die die Geschichte der Stadt fernt an der Ecke Caseros/Obispo Trejo steht die älteste Kirche der Stadt, die *Iglesia de la Compañía de Jesús.* Ihr Dach wurde aus Zedernholz der ehemaligen Reduktionen (christliche Indianersiedlungen unter Missionarsleitung) fertiggestellt, die Querstreben sind vergoldet.

MUSEO HISTÓRICO COLONIAL
An der Ecke Rosario de Santa Fe/Ituzaingó steht das einzige noch erhaltene Wohnhaus aus der Kolonialzeit, heute Museum mit Möbeln, Gemälden, Waffen

und Dokumenten aus der Zeit der Vizekönige. *Mo–Fr 8.30–14 Uhr | Eintritt 2 Pesos*

ESSEN & TRINKEN

IL GATTO
Die Restaurantkette überzeugt mit vernünftigen Preisen und schmackhaften Gerichten (Pizza und Pasta) und ist ein beliebter Treffpunkt für junge Leute. *Av. General Paz 120 | Tel. 0351 4 26 12 71; Av. Colón 628 | Tel. 0351 4 23 03 34 | €*

JACINTO BISTRÓ
Feine Küche in einem 100-jährigen Haus mit verschiedenen Räume und Innenhof. *Jacinto Ríos 126 | Tel. 0351 4 52 55 25 | €€*

SAN HONORATO
Mittelmeerküche in einer ehemaligen Bäckerei mit nettem Innenhof. Gutes Weinsortiment. *Pringles/25 de Mayo | Tel. 0351 4 53 52 52 | www.sanhonorato.com. ar | €€–€€€*

AM ABEND

Die Provinzhauptstadt bietet im Sommer eindrucksvolle Chorkonzerte im *Cabildo (Independencia 30).* Fragen Sie bei der Touristeninformation nach dem Programm. Im *Teatro del Libertador (Av. Vélez Sarsfield 365 | Kartenverkauf Di–Sa 9–14 und 15–20, So 17–20 Uhr)* von 1891 werden Opern und Theaterstücke aufgeführt. Auch das Angebot an Musikkneipen und Pubs ist groß in Córdoba.

ÜBERNACHTEN

AZUR REAL
Boutiquehotel mit Avantgardedesign in einem Patrizierhaus, zentral und mit Restaurant, Swimmingpool und Sauna. Sehr gutes Preis-Leistungs-Verhältnis. Che Guevara studierte hier, als das Gebäude in den Fünfzigerjahren des 20. Jhs. zeitweise als Schule diente. *14 Zi. | San Jerónimo 243–257 | Tel. 0351 4 24 71 33 | www.azurrealhotel.com | €€€*

BALUCH BACKPACKERS
Das netteste Hostel der Stadt, zentrale Lage auf einer Fußgängerstraße; mit Terrasse. Es gibt Schlafsäle und sieben Doppelzimmer. *San Martín 338 | Tel. 0351 4 22 39 77 | www.baluchbackpackers.com | €*

WINDSOR
Gutes Mittelklassehotel mit Schwimmbad und Wellnessabteilung. *81 Zi. | Buenos Aires 214 | Tel. 0351 4 22 40 12 | www.windsortower.com | €€–€€€*

MARCO POLO HIGHLIGHTS

★ **Cerro Champaquí**
Aufstieg zum höchsten Gipfel Córdobas → S. 66

★ **Andenüberquerung**
Auf den Spuren des Generals San Martín auf dem Pferderücken über die Anden → S. 68

★ **Puente del Inca**
Natürliche Felsenbrücke über den sprudelnden Río Mendoza → S. 69

★ **Valle de la Luna/Reserva Provincial Ischigualasto**
Bizarre Felsformationen im Nationalpark → S. 70

★ **Tren a las Nubes**
Mit dem Zug durch die Hochanden → S. 75

★ **Quebrada de Humahuaca**
Indianerdörfer aus der Kolonialzeit → S. 76

AUSKUNFT

AGENCIA CÓRDOBA TURISMO
Im Cabildo (Rathaus) | Deán Funes/Independencia | Tel. 0351 4 34 12 00 | www.cordobaturismo.gov.ar

ZIELE IN DER UMGEBUNG

CERRO CHAMPAQUÍ ★ ☀
(137 D3–4) *(⊠ C6)*
Eine besondere Art, sich einen Überblick über die gesamte Region zu verschaffen, ist eine dreitägige Exkursion zu Pferd von Villa General Belgrano über Villa Alpina zum Gipfel des Cerro Champaquí (2884 m). Auch von La Cumbrecita oder vom Westen aus San Javier (Provinz San Luis) kann man den Champaquí zu Pferd, zu Fuß oder im Geländefahrzeug bezwingen.

JESÚS MARÍA (137 E3) *(⊠ C6)*
Hier befindet sich eine alte *estancia* der Jesuitenpadres aus dem Jahr 1618. Die Missionare bauten seinerzeit den ersten amerikanischen Wein an, der den Königen in Spanien eingeschenkt worden ist. Heute enthalten die komplett renovierten Gebäude das *Museo Jesuítico Nacional (Mitte März–Mitte Sept. Mo–Fr 9–18, Sa/So 10–12 und 15–19, Mitte Sept.–Mitte März Di–Fr 8–19, Sa/So 10–12 und 15–19 Uhr | Eintritt 5 Pesos, Di frei)*, eine Sammlung sakraler Gewänder sowie wechselnde Ausstellungen zur Geschichte der Provinz. Anfahrt auf der Ruta 9 oder mit öffentlichen Bussen. Weitere zwei – *Estancia de Caroya* und *Estancia Santa Catalina* – der insgesamt sechs INSIDER TIPP Jesuiten-*estancias* aus dem 17. Jh. in Córdoba befinden sich in naher Umgebung von Jesús María. Unweit steht die schlichte Kapelle von *Candonga,* in dessen unmittelbarer Nähe die ● *Posada Las Perdices (Tel. 03543 49 39 99 | www.laaldeadecandonga.com.ar | €€)* zu einem idyllischen Aufenthalt in den Bergen einlädt. In den vier Steinhäusern auf den Hügeln kann allenfalls ein neugieriger Widder zu Besuch aufkreuzen. Für musikalische Gäste steht ein Flügel zu Verfügung, und beim Aufbruch der Herde in die Bergweiden des großen Guts ertönt die Glocke des Leitschafs.

VILLA GENERAL BELGRANO
(137 E3) *(⊠ E6)*
In dem kleinen Städtchen 90 km südlich von Córdoba im bayerischen Hüttenstil hat sich ab 1930 eine deutschstämmige Kolonie angesiedelt. Inzwischen hat sich der von dichten Wäldern umschlossene Ort 80 km südwestlich von Córdoba zu einem beliebten Ferienziel mit zahlreichen Übernachtungsmöglichkeiten in Chalets und Hotels entwickelt. Im Oktober wird das Bierfest gefeiert und zu Ostern das Fest der Wiener Torten. Nur 700 m südwestlich, doch optisch vollkommen abseits vom Dorf, logieren Sie in den ☀ Bungalows der *Cabañas de Santiago (Av. Belgrano | Tel. 03546 46 43 71 | www.cabdesantiagovgb.com.ar | €€–€€€)* mit herrlichem Ausblick auf die Sierra de los Comechingones.
Rund 20 km nordwestlich von Villa General Belgrano befindet sich die viel ruhigere Ortschaft *Villa Berna.* Etwas außerhalb liegt das ☀ Hotel *La Domanda (10 Zi. | Tel. 0354 646 20 70 | www.ladomanda.com.ar | €€)* mit ausgezeichneter Sicht auf eine weite Berg-und-Tal-Landschaft.

MENDOZA

(136 B4) *(⊠ B7)* **Die Hauptstadt der gleichnamigen Provinz liegt im Zentrum des riesigen Weinanbaugebiets in den Anden.**
Nachdem ein Erdbeben 1861 die 1561 gegründete Stadt vollständig zerstört hatte,

entstand ein neues Mendoza mit weiten Avenidas, erdbebensicheren, einstöckigen Bauten und vielen gepflegten Grünanlagen. Die Stadt (1,1 Mio. Ew.) ist Ausgangspunkt für Exkursionen in die nahen Kordillerentäler und Thermalbäder. Bergsteiger kommen vor allem wegen des Aconcaguas nach Mendoza.

Auf 3000 km² Gesamtfläche haben die Mendocinos der Wüste mit Bewässerungskanälen eine Oase abgerungen. In Gran Mendoza, Valle de Uco, San Rafael und General Alvear reift nicht nur Wein in der Sonne; hier blühen auch Pfirsich- und Birnbäume. Mendoza ist indes nicht nur das Zentrum des argentinischen Weinanbaus. Durch die Stadt führen auch alle Wege über den Andenpass nach Chile.

SEHENSWERTES

MUSEO MUNICIPAL DE ARTE MODERNO

Das Museum ist eine der lebendigsten Kunststätten im argentinischen Binnenland. *Di–So 9–20 Uhr | Eintritt 8 Pesos | Plaza Independencia*

MUSEO ENOTECA GIOL

Das Weinmuseum in der 16 km südlich von Mendoza gelegenen Vorstadt Maipú ist der größten Winzerei Mendozas angeschlossen. *Mo–Fr 9–18, Sa/So 15–19 Uhr | Carril Ozamis 1040 | Maipú*

ESSEN & TRINKEN

LA MARCHIGIANA

Bekannt als beste italienische Küche in Mendoza. *Patricias Argentinas 1550 | Tel. 0261 4 23 07 51 | www.marchigiana.com. ar | €€*

INSIDER TIPP ▶ 1884

Die Küche von Francis Mallmann im Restaurant der Kellerei Escorihuela Gascón in der Nachbarstadt Godoy Cruz loben viele als die beste in Argentinien. *Belgrano 1188 | Godoy Cruz | Tel. 0261 4 24 26 98 | www.escorihuela.com | €€€*

Rebenfelder bei Mendoza: 70 Prozent der argentinischen Weine kommen aus der Andenprovinz

An der Grenze zu Chile erhebt sich der höchste Berg Amerikas, der Aconcagua

FREIZEIT & SPORT

ACONCAGUA

Der Traum aller Bergsteiger ist die Besteigung des 6960 m hohen Aconcaguas rund 200 km westlich von Mendoza. Der Gipfel befindet sich in einem Naturpark, zur Besteigung oder zum Trekking an seinen Flanken muss man sich eine gebühr-

renpflichtige Genehmigung besorgen (www.aconcagua.mendoza.gov.ar). Für den Aufstieg zu seiner Spitze, der nur von Dezember bis März möglich ist, benötigt man eine gute körperliche Verfassung, genug Zeit (wenigstens zehn Tage) und einen zuverlässigen Bergführer. Von Puente del Inca aus geht es mit dem Maultier zur Plaza de Mulas (4400 m). Steile Pfade führen zur Basishütte. Hier sollte man sich einige Tage lang zunächst an die Höhe gewöhnen. Die zweite Hütte liegt auf 6000 m.

Verlässliche Informationen zum Bergwandern bekommen Sie in Guaymallén beim *Club Andinista (Fray Luis Beltrán 357 | Tel. 0261 4 31 98 70 | www.clubandinista.com.ar). Aymará Adventures & Expeditions (9 de Julio 1023 | Tel. 0261 4 24 47 73 | www.aconcaguaaymara.com)* organisiert sowohl die Besteigung des Aconcaguas als auch Führungen zu Fuß oder zu Pferd durch die Berge.

ANDENÜBERQUERUNG

Von Jujuy im Norden bis Chubut im Süden gibt es ein Dutzend gut befahrbare Grenzübergänge nach Chile. Der meistbefahrene ist die Ruta 7 von Mendoza nach Santiago de Chile über den *Cristo Redentor* (3870 m), ein monumentales Friedensdenkmal auf der Grenze. Weiter südlich ist die Ruta 231 beliebt, die ebenfalls vollständig auf Asphalt von San Carlos de Bariloche nach Osorno führt. Im Winter sind die Straßen öfters wegen Schnee geschlossen. In Chile gilt ein striktes Verbot für die Einfuhr von frischen Lebensmitteln! Um mit dem Mietwagen nach Chile einreisen zu dürfen, benötigen Sie in einigen Fällen eine Genehmigung und/oder müssen eine Extragebühr entrichten.

Die ● Anden mit dem Pferd überqueren wie einst General José de San Martín? Auch das ist möglich: Raúl Labat führt im südlichen Sommer in die Berge. Für die Tour sind weder große Reit- noch Bergsteigerqualifikationen erforderlich. Ausgangspunkt ist die *Estancia El Puesto (7 km westl. von Los Árboles | Ruta Provincial 89 20 km südwestl. von Tupungato | Tel. 0261 4 39 35 33 | www.estanciael puesto.com.ar | 1800 Dollar pro Person)* auf 1500 m Höhe. Von dort aus geht es sechs Tage lang über Bergpässe auf 4500 m und mit einem Abstecher zum höchsten Gletscher Amerikas, dem *Mesón San Juan,* bis an die chilenische Grenze, den Vulkan *Tupungato* (6235 m) und die *Cordillera Piuquenes* entlang.

ÜBERNACHTEN

In Mendoza finden häufig Kongresse statt, sodass es sich empfiehlt, im Voraus zu reservieren.

PARK HYATT
Luxushotel mit 86 Zimmern in historischem Hotelgebäude. Von der breiten Barterrasse geht der Blick auf den Hauptplatz, die Plaza Independencia. *Chile 1124 | Tel. 0261 4 41 12 34 | www.mendoza. park.hyatt.com | €€€*

TRILOGÍA
Bei Bergsteigern beliebtes, kleines Hotel. Restaurant und Bar, Terrasse mit Grill. Chef Eduardo Ibarra organisiert Trekkingausflüge in die Anden. *10 Zi. | Paseo Alameda/Remedios de Escalada de San Martín 2265 | Tel. 0261 5 42 47 70 | www.trilo giamendoza.com.ar | €*

VILLAGGIO
Attraktives Boutiquehotel im Zentrum mit Zimmern in modernem Design. Sauna und Spa. Für seinen Standard preiswert. *26 Zi. | 25 de Mayo 1010 | Tel. 0261 5 24 52 00 | www.hotelvillaggio.com.ar | €€*

AUSKUNFT

DIRECCIÓN PROVINCIAL DE TURISMO
San Martín 1143 | Tel. 0261 4 13 91 01 | www.turismo.mendoza.gov.ar

ZIELE IN DER UMGEBUNG

PUENTE DEL INCA ★ (136 A4) (*ш B7*)
Rund 170 km westlich von Mendoza auf der Route nach Chile gelangt man zum sagenhaften Puente del Inca. Der natürliche Felsbogen spannt sich auf 2700 m Höhe 21 m über den schmalen, sprudelnden Río Mendoza. Einst wurde die Brücke von Inkas auf ihrem Weg nach Cuzco genutzt. Kurz hinter der Brücke beginnt der Aufstieg zum *Lago Horcones.* Vom See aus bietet sich ein atemraubender Blick auf die verschneiten Gipfel der Anden. Heute ist Puente del Inca Ausgangspunkt für Trekkingtouren in die Umgebung. Es gibt einige wenige Hotels und Restaurants.

USPALLATA (136 A–B4) (*ш B7*)
Der Weg in das gut 90 km von Mendoza entfernte Städtchen Uspallata in den Voranden führt an der Raffinerie von Luján de Cuyo vorbei zunächst nach *Cacheuta.* Hier warten heiße Quellen, ein Moorbad und ein traditionelles Hotel in 1200 m Höhe auf Besucher *(Hotel Termas de Cacheuta | Ruta Provincial 82 km 38 | Tel. 02624 49 01 52 | www.termascacheuta. com | €€ mit Vollpension).* Cacheuta ist gleichzeitig Ausgangspunkt für Ausritte und Trekking in die Täler der Vorkordillere. Uspallata (9700 Ew.) selbst ist das attraktive Zentrum eines lang gestreckten Tals zwischen der hohen Andenkette und der Vorkordillere. Ein angenehmes Mikroklima bietet der Ort, der bereits im 19. Jh. während der Befreiungskriege letzte Station vor der Andenüberquerung war. Verlässt man Uspallata Richtung Westen,

führt der Weg zunächst durch ein Labyrinth von roten, gelben, grünen und schwarzen Felswänden. Beim Skigebiet *Los Penitentes* erinnern Felsen an Mönchsgestalten. Im Ort selbst gibt es einige gute Hotels.

VALLE DE LA LUNA/RESERVA PROVINCIAL ISCHIGUALASTO ★

(136 B2) (*m B6*)

500 km nördlich von Mendoza (über San Juan) bildet das Tal von Ischigualasto zusammen mit dem Tal von Talampaya eine etwa 6000 km2 umfassende Erosionslandschaft. Zahlreiche Science-Fiction-Filme sind in dieser unglaublichen Felsenwelt gedreht worden. Wind und Wasser haben dem Gestein natürliche Skulpturen abgerungen. Zwischen Staub und Felsen findet man immer wieder versteinerte Farne und Gräser, die davon zeugen, dass hier vor Urzeiten ein anderes Klima geherrscht hat.

Der nach einem Indianerhäuptling benannte *Naturpark Ischigualasto* umfasst 620 km², von denen aber nur 150 km² zugänglich sind. Es empfiehlt sich zunächst, das Museum am Eingang zu besuchen, in dem die Gesteinslandschaft in Klein nachgebaut ist. Parkwächter begleiten die Besucher auf der 40 km langen Rundfahrt, die in eine 200 Mio. Jahre zurückliegende Dinosaurierwelt versetzt *(Eintritt 70 Pesos | www.ischigualasto.org).*

Im *Parque Talampaya* hingegen, 70 km nordöstlich von Ischigualasto und bereits in der Provinz La Rioja, führt ein Parkwächter Reisende durch eine Schlucht mit faszinierenden Gesteinsformationen und Felsmalereien, deren Ursprung noch nicht geklärt ist *(Eintritt 40 Pesos, Touren mit Geländewagen 95–135 Pesos pro Person, Fahrradtour 40–90 Pesos, zu Fuß 35–40 Pesos, immer unter Führung von Parkwächtern | Tel. 0351 5 70 99 09 | www.talampaya.gov.ar, www.talampaya.gov.ar, www.talampaya.com).*

Übernachten können Sie z. B. entweder 80 km südöstlich auf der RP 610 vor der Einfahrt zum Naturpark in den 37 Zimmern und acht Bungalows der *Hostería del Valle Fértil (Rivadavia | Tel. 02646 42 00 15 | €€)* auf einem Hügel in San

Faszinierende Felsenwelt in der Erosionslandschaft des Valle de la Luna

Agustín del Valle Fértil oder nördlich von den Naturparks in Villa Unión. Dort bietet das 🔆 💿 Landhotel *Chakana (5 Zi. | RN 76 2,5 km nördl. von Villa Unión | Tel. 03825 15 40 64 81 | www.chakana.com. ar | €€)* in einem umweltfreundlichen Bau mit Pool und eigenem Gemüsegarten schöne Aussichten auf die schneebedeckten Famatinagipfel. Von San Juan aus werden aber auch organisierte Bustouren zu den Stätten der Vorgeschichte angeboten.

WEINKELLER (136 B4–6) (*B7*)

Eine knappe halbe Stunde östlich von Mendoza empfängt das Weingut (auch Restaurant) `INSIDER TIPP` *Familia Zuccardi (Ruta Provincial 33 7,5 km nordwärts von der Ruta Nacional 7 | Tel. 0261 4 41 00 00 | www.familiazuccardi.com)* Besucher, die an der Weinlese teilnehmen, im Fahrrad das Gut durchkreuzen, im ● Ballonflug darüberfliegen, kochen oder einfach die Weine, z. B. den Santa Julia, probieren können. Etwas weiter entfernt in *Cañada Seca,* 15 km außerhalb der Stadt San Rafael, befinden sich die Weinkeller von *Lávaque (RP 165 | Tel. 02627 49 71 32 | www.vinasdealtura.com).* Die `INSIDER TIPP` *Bodegas Salentein (RP 89 | bei Los Árboles/Valle de Uco westl. von Tunuyán | Tel. 02622 42 90 90 | www.bodegasalentein. com)* bietet neben Kunstausstellungen, einem Weinmuseum und einem Restaurant auch Unterkunft in den 16 Zimmern der *Posada Salentein (€€€ mit Vollpension).* Ausführliche Informationen über Weinkeller auf *www.caminosdelvino.com.*

SALTA

(133 D3) (*C4*) **Salta** bedeutet in der Indianersprache Aymará „die Schöne". Auf 1200 m Höhe inmitten des fruchtbaren Tals gebaut, das zur Zeit der Erobe-

rung noch der Haupthandelsweg zwischen der Hafenstadt Buenos Aires und dem damaligen Wirtschaftszentrum Lima war, erlebte die Schöne einen raschen Aufschwung.

Luxuriöse Herrschaftshäuser und eine kolossale Kathedrale im Stadtzentrum erinnern daran. Der frühere Reichtum spiegelt sich auch in zahlreichen Brunnen und Monumenten. Das Herz der Stadt (540 000 Ew.) bildet die palmenbestandene Plaza 9 de Julio, die von Arkadengängen, zahlreichen Cafés und Restaurants umgeben ist. An der Plaza steht die dreischiffige *Kathedrale* mit viel Pomp im Innern.

LOW BUDG€T

▶ Inlandsflüge sind teuer in Argentinien, die modernen Langstreckenbusse sind deshalb eine günstige Alternative. Mit etwas mehr Zeit kann man aber noch mehr sparen, wenn man den Zug von Buenos Aires nach Tucumán *(Ferrocentral | Estación Retiro/Mitre | Tel. 0800 12 21 87 36 | www.ferrocentralsa.com.ar)* nimmt. Die Fahrt dauert planmäßig 25 Stunden, in der Praxis aber meist mehr. Der Preis: von rund 8 Euro in der 2. Klasse bis zu 35 Euro im Schlafwagen.

▶ Im kleinen Dorf Iruya abseits von der Touristenstraße der Quebrada de Humahuaca finden Sie ganz oben, am Ende der Hauptstraße, die Gasthäuser *Clarisa* und *En lo de Celia,* in denen Sie für rund 30 Pesos im Schlafsack auf dem Fußboden oder in einfachen Betten übernachten können.

SEHENSWERTES

IGLESIA SAN FRANCISCO

Einen Häuserblock entfernt steht die barocke Franziskuskirche. Mit ihrem auffälligen Anstrich in Dunkelrot, viel Gold und

bracht, das wunderschöne Innenhöfe besitzt. Neben peruanischen Ikonen werden hier aber auch technische Geräte ausgestellt: Eine alte Traubenpresse aus Leder und Holz sowie die Druckerpresse der Jesuitenpadres gehören dazu. *Di–Fr*

Die golden glänzende Pracht des Barock: San Francisco aus dem 18./19. Jh.

vor allem den aus Stein gehauenen Vorhängen über dem Haupteingang wirkt sie wie eine italienische Operndekoration. Sie stammt aus dem Jahr 1796, der Glockenturm wurde erst später errichtet.

MUSEO DE ARQUEOLOGÍA DE ALTA MONTAÑA (MAAM) ●

Das eindrucksvoll eingerichtete Museum stellt abwechselnd die drei inkaischen Kindermumien aus, die in 6717 m Höhe am Gipfel des Vulkans Llullaillaco gefunden wurden. *Di–So 11–19.30 Uhr | Eintritt 30 Pesos | Mitre 77 | maam.culturasalta. gov.ar*

MUSEO HISTÓRICO DEL NORTE

Das Museum ist im schlichten, weiß getünchten Rathaus von 1626 unterge-

9.30–18, Sa/So 8.30–13.30 Uhr | Eintritt 5 Pesos | Caseros 549 | www.museonor.gov. ar

ESSEN & TRINKEN

INSIDER TIPP CAFÉ TOBÍAS

Die besten *empanadas,* direkt an der Plaza 9 de Julio. Besonders zu empfehlen sind die *empanadas de carne cortada a cuchillo* mit frisch mit dem Messer gehacktem Fleisch. *Caseros 507 | Tel. 0387 4 21 03 28 | €*

INSIDER TIPP DESIGN

Die Zutaten der 1000-jährigen Andenküche wie der wiederentdeckte „Andenweizen" Quinoa oder Lamafleisch in feiner Zubereitung mit Gourmetappeal in einem herrschaftlichen Saal des gleichnamigen Hotels. *Av. Belgrano 770 | Tel. 0387 42 24 44 | €€€*

MADERO RESTÓ

Regionale Küche beim Hauptplatz, mit Tischen im Freien. *Bartolomé Mitre 81 | Tel. 0387 4 31 09 22 | €*

PORTEZUELO ⟨⟩

Restaurant im gleichnamigen Hotel auf dem Hang vom Berg San Bernardo mit Blick auf die Stadt. Internationale und regionale Küche. *Av. del Turista 1 | Tel. 0387 4 31 01 04 | €€*

LA VIEJA ESTACIÓN

Das Lokal der Brüder Fidel und Tupac Puggioni hat sich zu einem Treffpunkt für Folklore und regionale Küche entwickelt. Die Speisekarte bietet die klassischen Gerichte der *salteños* wie *empanadas* und *locro. Balcarce 877 | Tel. 0387 4 21 77 27 | www.la-viejaestacion.com.ar | €€*

EINKAUFEN

Rund 400 Kunsthandwerker regionaler und indianischer Tradition stellen sonntags ihre Textilien und sonstige Waren im Markt auf der Straße aus, wo abends lokale Musik und Kochkunst den Ton angeben *(So 9–22 Uhr | Balcarce 400–900)*. Die Werkstatt des berühmten *Silberschmieds* Horacio Bertero liegt in der *Los Parrales 1002*. Der traditionelle *Mercado Artesanal (tgl. 9–21 Uhr | Av. San Martín 2555)* bietet auch Kunsthandwerk.

ÜBERNACHTEN

CARPE DIEM

B & B in einem Kolonialhaus mit Garten. Deutschsprachiges Personal. *8 Zi. | Urquiza 329 | Tel. 0387 4 21 87 36 | www.bed andbreakfastsalta.com | €€*

LEGADO MÍTICO

Boutiquehotel mit elf großzügig angelegten, eleganten Zimmern mit regionalem Touch. Bibliothek und zuvorkommendes Personal. *Bartolomé Mitre 647 | Tel. 0387 4 22 87 86 | www.legadomitico.com | €€€*

HOSTAL PRISAMATA

Hostel in einem Kolonialhaus mit Patio in der Nähe der Funmeile der Straße Balcarce. *7 Zi. | Bartolomé Mitre 833 | Tel. 0387 4 31 39 00 | www.hostalprisamata. com | €*

SELVA MONTANA

Das Hotel liegt 10 km nordwestlich in San Lorenzo am Berghang in unmittelbarem Kontakt zur Natur. Der deutschsprachige Manager, ein Kenner der lokalen Wälder, organisiert Trekking- und Reittouren. *29 Zi. | Alfonsina Storni 2315 | San Lorenzo | Tel. 0387 4 92 11 84 | www.hostal-selva montana.com.ar | €€*

AUSKUNFT

DIRECCIÓN PROVINCIAL DE TURISMO

Buenos Aires 93 | Tel. 0387 4 31 09 50 | www.turismosalta.gov.ar

ZIELE IN DER UMGEBUNG

INSIDER TIPP **CACHI UND VALLES CALCHAQUÍES** (132 C3) (⟨⟩ C4)

Eine Fahrt nach Cachi 150 km südwestlich von Salta durch die fruchtbaren Valles Calchaquíes, die heiligen Täler, wie sie die Indianer nennen, führt durch eine bizarre Bergwelt mit malerischen Indianerdörfern, in denen Chilischoten angebaut und Ziegen gezüchtet werden. Bunte Erzgebirge, sattes Grün in den Tälern und knallrote Chilischoten, die an den Hängen zum Trocknen ausgelegt werden, beleben die stille Bergwelt. Zu den Höhepunkten der Reise gehört ein Besuch im INSIDER TIPP *Parque Nacional Los Cardones* *(www.parquesnacionales.gov.ar)*. Der Nationalpark beherbergt riesige Kandelaberkakteen. Diese *cardones* blühen erst im Alter von 40 Jahren und sind bei den Indianern wegen ihrer süßen Früchte und des widerstandsfähigen Holzes beliebt. Hier steht das inzwischen selten gewordene Vikunja, ein besonders wolliges Lama, unter Naturschutz.

Westwärts führt die Ruta Provincial 33 nach Payogasta und Cachi über die *Recta Tin Tin*, eine 19 km lange, absolut gerade Strecke, die mit der alten Inkastraße nach Cuzco übereinstimmt. Am Zusammenfluss des Río Calchaquí mit dem Río Cachi, am Fuß des Nevado de Cachi (6380 m), liegt das alte Städtchen *Cachi*, wo schon vor der spanischen Eroberung die Chicuanaindianer lebten. Ihre Nachfahren nahmen den katholischen Glauben an. Die Decke der kleinen Kolonialkirche *San José* ist vollständig mit Kaktusholz ausgekleidet. Nach Cachi fahren täglich Busse von Salta aus. Wer übernachten möchte, findet 33 Zimmer in der *Hostería Sol del Valle-ACA (Ruta Nacional 40 | km 1237 | Tel. 03868 49 11 05 | www.soldelvalle.com.ar | €€)*, in der auch ein gutes Restaurant untergebracht ist.

Südlich von Cachi führt die Ruta Nacional 40 kurz nach Seclantás über den einzigen Abzweig nach Westen ins kleine Dorf *Molinos*, wo Sie den biodynamischen Weinanbau der INSIDER TIPP *Bodega Colomé (Ruta Provincial 53 km 20 | Tel. 03868 49 40 44 | www.bodegacolome.com | €€€)* besuchen können. Neun Zimmer stehen für Übernachtungsgäste bereit. Die Installationen des Light-and-Space-Künstlers James Turrell im Museum des Weinguts bieten ein unerwartetes Erlebnis, bei dem u. a. der abendliche Andenhimmel mit diffusen Lichtern verschmilzt. ☺ Rund 50 Bauernhöfe in zehn Ortschaften der Valles Calchaquíes bieten

Ein Meer aus feurigen Schoten: Chilianbau in den Valles Calchaquíes

mit der Unterkunft die Möglichkeit, aktiv am Landleben teilzunehmen: *San Martín Medidor 560 | San Carlos | Tel. 03868 15 45 51 27 | www.turismocampesino.org | €*

PARQUE NACIONAL EL REY
(133 D3) (*C4*)

Gut 200 km östlich von Salta (Autobahn RN 9 bis Lumbreras, dann RP 5/RP 20 zur Südeinfahrt des Parks) liegt dieser Nationalpark mit einem weiten Gebiet nahezu unberührten Urwalds. Sieben teilweise auch befahrbare Wanderwege führen durch trockene Chaco- und durch Nebelwälder, in denen Pumas, Wildschweine und Rehe, Füchse, Tapire, Kondore und zahlreiche weitere Vogelarten leben. Es gibt Zeltplätze im Park.

TREN A LAS NUBES UND ANTOFAGASTA DE LA SIERRA ⭐ ☼

Der „Zug zu den Wolken" fährt von März bis November von Salta aus zur letzten größeren Ortschaft vor der chilenischen Grenze, San Antonio de los Cobres ((132 C2–3) (*C4*) | Di, Do, Fr | hin und zurück 17 Std. | 170 US$ | www.trenalasnubes.com.ar), und überwindet dabei auf der 217 km langen Fahrt einen Höhenunterschied von 3300 m. Aus der fruchtbaren, blühenden Umgebung von Salta gelangen Sie in zunehmend engere Täler mit steilen Felswänden und baumhohen Kandelaberkakteen. Vom Wagenfenster aus sieht man kleine steinerne Pyramiden am Rand der Gleise. Diese *pachetas* sind Geschenke der Ureinwohner an ihre Erdmutter Pachamama. Niemand weiß, wie alt diese Steinhaufen sind, die nicht abgetragen werden dürfen. Teilweise parallel zur Bahn führt die Nationalstraße 51 nach San Antonio de los Cobres, doch vom Zug aus ist die Sicht unvergleichlich besser. Der Vorteil, wenn Sie die Tour mit dem Auto unternehmen:

Sie können mit dem Geländewagen weiter südwärts bis nach *Antofagasta de la Sierra* (132 B4) (*B5*) in Catamarca fahren. Die kleine Landkreishauptstadt mit nur 650 Ew., auf 3400 m Höhe gele-

Der „Wolkenzug" fährt
in den Andenhimmel

gen, ist umgeben von einer **INSIDER TIPP** unglaublichen Vulkanlandschaft, in der Sie Salzlagunen, wilde Vikunjaherden, verlassene Goldminen, offen liegende Quarzkristalle und Wandmalereien der Indianer finden, zu denen Zoltan Czekus vom *Museo Mineralógico (San Martín 436 | Tel. 03833 15 24 04 27)* über fast geheime Wege führt.

SAN SALVA-
DOR DE JUJUY

(133 D2–3) (*C4*) **Die 320 000-Ew.-Stadt am Zusammenfluss des Río Grande und des Río Xibi Xibi, die schlicht Jujuy genannt wird, ist Regierungssitz der nördlichsten Provinz Argentiniens.**

Das Gesicht der Stadt ist ärmlich und noch stark indianisch geprägt. Ein großer

Teil der Bevölkerung sind Mestizen; außerdem leben noch etwa 40 000 Coyaindianer in der Region. Wichtige Wirtschaftsfaktoren sind der Tabak- und Zuckerrohranbau sowie der Erzabbau in den Blei-, Eisen- und Silberbergwerken und demnächst auch die geplante Lithiumgewinnung in Salinen, obwohl vor allem der Tagebau auf wachsenden Widerstand bei der lokalen Bevölkerung und Ökogruppen stößt. Hier leuchten die Berge in kräftigem Blau, Rot und Gelb. In den wilden Schluchten breiten sich Kakteenwüsten aus, an den Hängen pfeift der Wind um alte Inkafestungen.

Nur noch wenige erhaltene Kolonialbauten findet man im Stadtzentrum. Die *Kapelle der hl. Barbara* aus dem 18. Jh. *(Lamadrid/San Martín)* und das *Provinzmuseum (Mo–Fr 9–20, Sa/So 9–13 und 16–20 Uhr | Eintritt 2 Pesos | Lavalle 256)* gehören dazu. Die *Kathedrale* aus dem 18. Jh. an der Plaza Belgrano birgt eine aus Hartholz geschnitzte Kanzel. Diese Arbeit der Guaraníindianer gilt als schönstes Werk des argentinischen Barocks. Wahrscheinlich aus derselben Schnitzerwerkstatt kommt auch die Kanzel der Kirche *San Francisco.* Im anliegenden *Museo Histórico Franciscano (Mo–Sa 9–13 und 17–21 Uhr | Eintritt 8 Pesos | Lavalle 325)* werden Kunstwerke und Möbel der Franziskaner ausgestellt.

Unweit vom Stadtzentrum liegt die *Hostería Munay (21 Zi. | Alvear 1230 | Tel. 0388 4 22 84 35 | www.munayhotel.com. ar | €).* Das *Alto del Molle (Calle El Picaflor 477 | Barrio Los Perales | Tel. 0388 4 26 04 38 | www.altodelmolle.com.ar | €)* bietet fünf Zimmer in rustikaler Eleganz rund 2 km vom Zentrum. In der Innenstadt liegt das elegante *Hotel Gregorio I (20 Zi. | Independencia 829 | Tel. 0388 4 24 47 47 | www.gregoriohotel. com | €€)* mit regionalem Touch. Das bescheidene B & B *Hostal Casa de Barro*

(Otero 294 | Tel. 0388 4 22 95 78 | €) befindet sich ebenfalls in zentraler Lage nur 100 m von der Hauptplaza. Auskunft: *Dirección de Turismo | Gorriti 295 | Tel. 0388 4 22 13 26*

ZIEL IN DER UMGEBUNG

QUEBRADA DE HUMAHUACA ★ ☼
(132–133 C–D2) (*ⓜ C4*)

Am Eingang des Flusstals, in der beeindruckenden Schlucht Quebrada de Humahuaca, beginnt das Reich Pachamamas. Eine Kette kleiner Indianerdörfer und die Reste inkaischer Festungen lassen erahnen, wie das Leben der Indianer in den Kolonialstädten einst ausgesehen haben mag. Die Ruta Nacional 9, die sich durch das langsam ansteigende Tal schlängelt, war im 17. Jh. die Hauptverkehrsader zu den reichen Minen Potosís und noch früher der Königsweg der Inkas. Tumbaya, das erste der Indianerdörfer, zählt 150 Ew., die auf 2100 m Höhe von der Weidewirtschaft leben. Am 15. September feiern sie in ihrer freskenverzierten, kleinen Kirche den Tag ihrer Schutzpatronin *Virgen de los Dolores* mit einer farbenfrohen Prozession. Hinter Tumbaya beginnt zwischen den roten Felsen die Kakteenwüste.

Im Dorf *Purmamarca* bietet eine Übernachtung im Hotel INSIDER TIPP *El Manantial del Silencio (19 Zi. | RN 52 km 3,5 | Tel. 0388 4 90 80 80 | www.hotelmanantial.com.ar | €€€)* die Gelegenheit, die stille Größe der Berglandschaft zu genießen. Am Fuß der bunt gestreiften Felswände des Cerro de los Siete Colores ducken sich die kleinen Häuser aus Lehm und Kaktusholz. Die schlichte Kirche stammt von 1648 und wird von einem noch älteren Johannisbrotbaum überschattet. Hier findet nachmittags ein bunter ● Indianermarkt statt. Es gibt gemahlene Gewürze, besonders scharfe

Im Reich der Pachamama: Dorf in der Quebrada de Humahuaca

Chilischoten und auch Kokablätter zu kaufen. Daneben werden Textilien – Pullover, Ponchos, Decken – und schöne Keramikarbeiten angeboten.

Wenige Kilometer weiter gelangt man nach *Tilcara* (14 000 Ew.) auf 2460 m Höhe mit den Resten der alten Inkafestung ✹ *El Pucará de Tilcara,* deren Grundmauern sich über einen Bergrücken im Süden des Orts ziehen. Dem Wind ausgesetzt, überblickt man von der Pucará aus das gesamte Tal. Einige Behausungen sind originalgetreu mit Kaktusholz und Quadersteinen wieder aufgebaut worden. Zwischen Tilcara und dem nächsten Dorf *Huacalera* verläuft der Wendekreis des Steinbocks. Neben dem Hinweisschild steht die Kirche mit bedeutenden Fresken aus dem 17. Jh. In *Uquía* befindet sich in der kleinen Kirche von 1691 der älteste Altaraufsatz der Region. Am 3. Mai *(Día de la Cruz)* wird hier der Schutzpatron, San Francisco de Padua, pompös gefeiert.

Inzwischen ist die Straße auf 2939 m angestiegen und erreicht den aus dem 16. Jh. stammenden Ort *Humahuaca.*

17 000 Menschen leben hier. Die schmalen Gassen und traditionell schlichten Häuser aus Adobe und Kaktusholz werden von einem kolossalen Denkmal zur Unabhängigkeit überragt. Zwischen den verwinkelten Häuserzeilen liegt Kopfsteinpflaster. Im *Museo Torres Aparicio (Do–Sa 11–13 Uhr | Córdoba 249)* findet man eine reiche archäologische Sammlung der Indianerkulturen, die die Region bevölkerten, bevor die Spanier hier einen bedeutenden Handelsstützpunkt ausbauten. Auf dem Indianermarkt werden wertvolle Wandteppiche und Masken aus Kaktusholz angeboten.

Durch die Quebrada de Humahuaca kommt man am besten mit dem Mietwagen. Verschiedene Buslinien verbinden jedoch auch alle Ortschaften untereinander und von San Salvador de Jujuy aus. Und bei schwierigen Wegstrecken, wie der Zufahrt zum Bergdorf *Iruya* auf der RP 13, die 25 km nördlich von Humahuaca ostwärts abzweigt, bevorzugen es viele Fahrer, sich der Erfahrung des Busfahrers anzuvertrauen.

DAS ZWEISTROMLAND

Das argentinische Mesopotamien wird durch die Flüsse Paraná und Uruguay begrenzt, die über weite Strecken hinweg auch die Landesgrenzen zu Uruguay, Brasilien und Paraguay bilden.

Zwischen diesen beiden gewaltigen Strömen liegen die Provinzen Entre Ríos, Corrientes und Misiones. Noch bis vor wenigen Jahrzehnten bildeten sie eine isolierte Halbinsel, die nur zu Brasilien einen Grenzübertritt auf dem Landweg erlaubte. Heute ist das Gebiet über gewaltige Brücken und einen Unterwassertunnel von Santa Fe nach Paraná ans restliche Staatsgebiet Argentiniens angeschlossen.

Die wichtigsten Orte der drei Provinzen sind durch ein dichtes Omnibusnetz miteinander verbunden. Die Hauptstädte und Puerto Iguazú werden außerdem täglich von den Fluglinien Aerolíneas Argentinas, Lan und Austral angeflogen. Das Zweistromland übt durch die träge Schönheit der beiden Ströme und seine tropische Atmosphäre einen besonderen Reiz aus. Die Luft ist schwül und angefüllt mit dem Aroma unzähliger Blüten. Abends tanzt man Chamamé oder trifft sich mit den Nachbarn vorm Hauseingang auf einen Mate. Die Stadt Corrientes hat sich vor allem wegen ihres farbenfrohen Karnevals einen Namen gemacht.

Landwirtschaftlich sind diese Provinzen von großer Bedeutung. In Entre Ríos werden vorwiegend Soja, Flachs, Zitrusfrüchte und Sonnenblumen angebaut, während sich das morastige Corrientes eher

Chamamé, Mate und tropisches Flair: Die enormen Wasserfälle von Iguazú sind Argentiniens tropisches Paradies

für den Anbau von Reis eignet, aber auch riesige Tabakpflanzungen zu bieten hat. Zu den wirtschaftlichen Stützpfeilern von Misiones gehören der Anbau von Yerba Mate und der Holzeinschlag. Der Reichtum an Edelhölzern scheint der Provinz allerdings zum Fluch zu werden, denn geschützt wird der subtropische Regenwald lediglich im Nationalpark Iguazú. Außerhalb aber wird allerorten Raubbau an den Urwaldriesen getrieben.

Auch die Wildtiere dieser einzigen tropischen Region Argentiniens sind ohne Ausnahme vom Aussterben bedroht: Puma, Ozelot, Wildkatze und Jaguar werden wegen ihrer wertvollen Felle gnadenlos verfolgt. Ähnlich bedenklich steht es um zahlreiche Papageienarten, die trotz Ausfuhrverbot ihre Käufer in Europa und Nordamerika finden.

Trotzdem ist eine Reise nach Misiones ein unvergleichliches Erlebnis. Die Provinz besitzt mit den Wasserfällen von Iguazú eines der großartigsten Naturspektakel Lateinamerikas. Im Grenzgebiet zu Brasilien und Paraguay stürzen sich insgesamt

275 Wasserfälle 70 m in die Tiefe. Gleichzeitig ist die Provinz mit den Ruinen ehemaliger Missionsstädte aus dem 17. Jh. übersät, die zum Teil noch so gut erhalten sind, dass man eine lebhafte Vorstellung davon erhält, wie die Guaraníindianer in ihnen gelebt und gearbeitet haben.

Die Guaraníes im Dschungel von Misiones, auch „Urwaldindios" genannt

PARANÁ

(134 B6) *(ⅅ D6)* **Die 340 000-Ew.-Stadt, Hauptstadt der Provinz Entre Ríos, liegt auf einem Hügel mit herrlichen Ausblicken auf den Río Paraná und seine zahlreichen dicht bewaldeten Inseln.**
Der Urquiza-Park zieht sich vom Ufer des Paraná bis hin zur Stadtmitte. Die großzügig angelegte Stadt ist der Knotenpunkt der gesamten Region. 1853 wurde

hier die Konföderation Argentiniens ausgerufen; acht Jahre lang war Paraná so auch Hauptstadt der Republik. Historische Gebäude und Plätze erinnern daran.

SEHENSWERTES

HAFEN
Westlich des Badestrands am Paraná schließt sich der alte Hafen mit historischem Gerät, hölzernen Fischerbooten und Ausblicken über den Fluss an.

KATHEDRALE
Am östlichen Ende der Plaza 1° de Mayo steht diese älteste Kirche Paranás im Renaissancestil. Sie beherbergt neben einer aus Deutschland importierten Orgel einen eindrucksvollen Altar, der Jungfrau des Rosenkranzes gewidmet.

ESSEN & TRINKEN

In den Flüssen der Region tummeln sich zahlreiche schmackhafte Süßwasserfische wie der *pejerrey de río*, der *sábalo* und der bis zu 20 kg schwere und 80 cm lange *dôrado.* Lassen Sie sich hier keinesfalls einen *dorado a las brasas* entgehen. Der Fisch wird, mit Oregano, Zwiebeln, Tomaten und Paniermehl gefüllt, auf dem Holzkohlegrill gegart.

INSIDER TIPP ▶ **LA BAXADA**
Die *trilogía de pescados* bietet die Möglichkeit, die Flussfische *pacú, boga* und *surubí* in feiner Mandelsauce zu kosten – in einem hübschen Haus am Ufer. *Av. Laurencena/Vélez Sarsfield | Tel. 0343 4 22 88 03 | www.labaxada.com.ar |* €€–€€€

QUINCHOS DEL PUERTO
Am Hafen frisch gefangene Flussfische aus dem Paraná. *Laurencena 350 | Tel. 0343 4 23 20 45 |* €€

HOWARD JOHNSON MAYORAZGO

Luxushotel nahe beim großen Urquiza-Park. *123 Zi. | Av. Etchevehere/Miranda | Tel. 0343 4 20 68 00 | www.hjmayorazgo. com.ar | €€€*

GRAN HOTEL PARANÁ

120 Zimmer in zentraler Lage, ausgezeichnetes Restaurant *La Fourchette*. *Urquiza 976 | Tel. 0343 4 22 39 00 | www.ho telesparana.com.ar | €€*

PARANÁ HOTEL PLAZA JARDÍN

Historisches Gebäude im Zentrum, geschmackvoll renoviert. *55 Zi. | 9 de Julio 60 | Tel. 0343 4 23 17 00 | www.hoteles parana.com.ar | €*

AUSKUNFT

OFICINA DE TURISMO

Buenos Aires 132 | Tel. 0343 4 23 01 83 | www.turismo.entrerios.gov.ar

ZIELE IN DER UMGEBUNG

COLÓN/EL PALMAR (134 C6) (*∅ E6*)

Der Ferienort Colón am Ufer des Río Uruguay mit seinen breiten Sandstränden und üppigem Palmenbestand blickt auf eine mehr als 100-jährige Geschichte zurück. Die imposanten Klippen am Uferrand und eine sommerliche Durchschnittstemperatur von 30 Grad tun ihr Übriges, um den 25 000 Ew., hauptsächlich Nachfahren Schweizer und französischer Einwanderer, ein Auskommen im lokalen Tourismus zu garantieren. Von Paraná aus ist Colón über die Ruta 18 nach Osten und weiter über die Ruta 130 nach Südosten zu erreichen, insgesamt 280 km.

Übernachtungsmöglichkeiten bieten das *Hotel Holimasú (23 Zi. | Belgrano 28 | Tel.* *03447 42 13 05 | www.hotelholimasu.com. ar | €€)*, das direkt am Fluss gelegene Luxushotel *Internacional Quirinale (196 Zi. | Av. Gobernador Quiroz 185 | Tel. 03447 42 11 33 | www.hquirinale.com.ar | €€€)* und das historische Eckhaus der kleineren *Hostería del Puerto (23 Zi. | Alejo Peyret | Tel. 03447 42 26 98 | www. hosteriadecolon.com.ar | €€)*.

Colón ist auch Ausgangspunkt für Ausflüge in den knapp 60 km entfernten Nationalpark *El Palmar,* wie sie von fast allen Reisebüros in Colón angeboten werden. Im Park selbst können auch Führungen arrangiert werden. Der Palmenwald ist durch Wanderwege gut erschlossen und in einem Tagesausflug zu meistern. *Turismo Itaí Corá (San Martín 97 | Tel. 03447 42 33 60 | www.itaicora.com)* organisiert Flussfahrten in kleinen Motorbooten auf dem Río Uruguay sowie **INSIDER TIPP** Ausflüge zum *stonehunting* (Achat und andere vom Fluss angeschwemmte Halbedelsteine) und zu den Wasserschweinen, den größten lebenden Nagetieren der Erde. Am Nationalpark kann man im gegen-

---

⭐ **Esteros del Iberá**
Abenteuerurlaub in den Sümpfen von Corrientes → S. 82

⭐ **San Ignacio Mini**
Die schönste Jesuitenreduktion aus dem Jahr 1610 → S. 85

⭐ **Floating**
Mit dem Schlauchboot auf dem Río Iguazú oberhalb der Wasserfälle treiben → S. 88

⭐ **Cataratas del Iguazú**
Tropischer Urwald umgibt die gigantischen Wasserfälle an der Grenze zu Brasilien → S. 88

MARCO POLO HIGHLIGHTS

überliegenden Reservat der Naturschutzorganisation Vida Silvestre *(RN 14 km 202 | Tel. 03447 42 72 65 | www.auroradelpalmar.com.ar | €)* in La Aurora del Palmar zelten oder in ehemaligen Bahnwagen übernachten, die zu Bungalows umgestaltet wurden, und zu Fuß, auf dem Pferd oder im Boot die Palmenwälder durchkreuzen.

hören auch zu den Fotosafaris und Reitausflügen, die für die Gäste der *Estancias Atalaya (Tel. 03783 43 32 69 | www.hresa.com | €€ mit Vollpension)* in Itatí und *Buena Vista (Los Laureles | Tel. 03777 46 01 69 | www.estanciabuenavista.com.ar | €€€)* 40 km nördlich von Esquina sowie *La Rosita (RN 12 km 680 | Tel. 011 15 60 52 55 66 | www.estancialarosita.*

Besuch bei Kaiman und Wasserschwein: in den Sümpfen Esteros del Iberá

ESTEROS DEL IBERÁ ★ ☼

(134–135 C–D 2–4) *(⌂ E5–6)*

Abenteuerreisen in die Sümpfe von Iberá in der Nachbarprovinz Corrientes veranstalten viele Reiseunternehmen sowie die Hotels im kleinen Ort Colonia Pellegrini am Lagunenufer wie z. B. die auf Birdwatching spezialisierte *Posada de la Laguna (8 Zi. | Guazú Virá | Tel. 03773 49 94 13 | www.posadadelalaguna.com | €€€)* oder das renovierte *Rancho Inambú (5 Zi. | Yerutí zwischen Pehuajó und Aguapé | Tel. 03773 154 36 15 | www.ranchoinambu.com.ar | €–€€)*. Kaimane, Wasserschweine und tropisches Flair ge-

com.ar | €€€)* in Esquina organisiert werden. *Itatí* ist ein winziger Hafen am Río Paraná. Die ältesten Bauwerke des Orts (4600 Ew.) wurden 1615 von Jesuitenpadres gebaut.

GOYA (134 B–C4) *(⌂ E6)*

Schon die Fahrt in die gut 350 km nördlich von Paraná gelegene Stadt (77 000 Ew.) ist ein Erlebnis. Der Weg führt durch Sümpfe und Zitronenhaine über die Ruta 12. Um 1772 gegründet, ist Goya heute ein Zentrum des Reis- und Tabakanbaus. Palmenhaine laden zu Spaziergängen ein, und für Angler gibt es zahlreiche

Möglichkeiten zu Exkursionen. Touristeninformation: *José Gómez 953 (am Busterminal) | Tel. 03777 43 17 62 | www.goyate espera.com.ar*

ROSARIO (138 B2) (*ad D7*)

Die drittgrößte Metropole Argentiniens, Rosario (1,2 Mio. Ew.), hat sich in den letzten Jahren zu einem attraktiven Tourismusziel aufpoliert. Die Fahrt von Paraná aus erfordert unausweichlich die Kreuzung des breiten Paraná. Hierzu bieten sich zwei alternative Wege: durch den 3 km langen, von der deutschen Baufirma Hochtief in den 1960er-Jahren gebauten Flusstunnel nach Santa Fe und dann 170 km auf der Autobahn; oder am linken Ufer in Entre Ríos 150 km bis Victoria, von wo aus eine spektakuläre moderne Hängebrücke nach Rosario führt. Auch von Rosario aus lohnt sich eine Fahrt über die 608 m lange und 60 m hohe Hauptbrücke: Die Sicht auf die Stadt und auf die breite Flusslandschaft ist einzigartig – und auch das Detail einer Kuh, die mit dem Wasser fast bis zum Hals in der Schilflandschaft unter den Brückenpfeilern weidet.

Die großzügigen Parkanlagen am Fluss um das gigantische *Monumento de la Bandera* mit seinem 75 m hohen Aussichtssturm sowie im *Parque Independencia* schenken der Stadt die notwendige Luft, um das feuchtwarme Klima zu ertragen. Die sogenannte Jahrhundertpromenade auf der Avenida Córdoba und dem Boulevard Oroño führt an noblen Artnouveau-Gebäuden entlang. Viele dieser vornehmen Häuser sind heute Hotels (*Esplendor Savoy | 84 Zi. | San Lorenzo 1022 | Tel. 0341 4 29 60 00 | www.esplen dorsavoyrosario.com | €€*) oder Restaurants (*Pobla del Mercat | Salta 1424 | Tel. 0341 4 47 12 40 | www.pobladelmercat. com | €€*). Direkt am Fluss mit Blick auf den breiten Paraná wird der beste Fisch aufgetischt im *Escauriza (Escauriza/Paseo Ribereño | Tel. 0341 4 54 17 77 | €€)* und im *Los Jardines de Hildegarda (Av. Illia 1700 | Tel. 0341 4 26 11 68 | €–€€).*

Rosario wartet aber auch mit wertvollen Kunstmuseen auf: Eine der besten Sammlungen argentinischer Maler besitzt das *Museo Municipal de Artes Castagnino (Mi–Mo 14–20 Uhr | Eintritt 5 Pesos | Av. Pellegrini/Boulevard Oroño | www.museo castagnino.org.ar)*, den prunkvollen Lebensstil eines Patrizierhauses mit Limoges-Porzellan und Goya-Gemälden können Sie am Hauptplatz im *Museo Municipal de Arte Decorativo (Mi–Fr 15–20, Sa/So 10–20 Uhr | Eintritt 4 Pesos | Santa Fe 748 | www.museoestevez.gov.ar)* bewundern, und die zeitgenössische lokale Kunst hat in den farbigen ehemaligen Silos am Fluss im *Museo de Arte Contemporáneo (Do–Di 15–20 Uhr | 5 Pesos | Av. de la Costa/Boulevard Oroño | www. macromuseo.org.ar)* eine adäquate Heimat gefunden.

Auskunft: *Ente Turístico Rosario | Av. Belgrano/Buenos Aires | Tel. 0341 4 80 22 30 | www.rosarioturismo.com*

POSADAS

(135 E2) (*ad F5*) **Die Hauptstadt der im äußersten Nordosten Argentiniens an der Grenze zu Paraguay und Brasilien gelegenen Provinz Misiones ist Ausgangspunkt für Exkursionen zu den Ruinen der Jesuitenreduktionen, die der Provinz ihren Namen gaben.**

Das Grün der Bäume steht in lebhaftem Gegensatz zu der ziegelsteinroten, eisenerzhaltigen Erde vulkanischen Ursprungs, die ebenso typisch für die Region ist wie das feuchtwarme Klima. Auf der *Plaza 9 de Julio* im Zentrum leuchten blau und lila die Jakarandabäume über das gesellschaftliche Leben der 320 000-Ew.-Stadt.

SEHENSWERTES

MUSEO REGIONAL ANÍBAL CAMBAS
Fundstücke aus den Jesuitenreduktionen und Kunsthandwerk der Guaraníindianer. *Di–Fr 8–12 und 16–20, Sa 9–12 Uhr | Eintritt frei | Alberdi 600 | im Parque República de Paraguay*

PALACIO DEL MATE
Der Matepalast ist ein den Teepflanzern gewidmetes Gebäude, in dem heute das Museum der schönen Künste *(Museo de Bellas Artes)* untergebracht ist. *Mo–Fr 8–12 und 16–20 Uhr | Eintritt frei | Rivadavia 1846*

ESSEN & TRINKEN

In Misiones sind die Ureinwohner, die Tupiguaraníes, noch allseits präsent. Dieser Einfluss macht sich auch in der Küche bemerkbar. Fragen Sie z. B. nach *yopará,* einem Eintopf aus Mais, Erbsen und Maniok, und *yaguá hacú,* gebratenen Fleischstückchen, die häufig zu gebackenen Maniokknollen gereicht werden. Allgegenwärtig sind außerdem *chipá,* kleine, mit Käse gebackene Maniokbrötchen.

EL MENSÚ
Traditionelles Restaurant mit regionaler Küche *(pastel de mandioca,* Flussfisch).

BÜCHER & FILME

▶ **Santa Evita** – Tomás Eloy Martínez zeichnet in diesem Roman ein Porträt des Mythos um Eva Perón, das Land und Leute präziser als viele Geschichtsbücher und subtiler als Musicals und Filme darstellt

▶ **Jorge Luis Borges** – Die Kurzgeschichten des 1899 in Buenos Aires geborenen Schriftstellers spiegeln die Stimmung in den Vororten seiner Heimatstadt zu Beginn des 20. Jhs. wider, als der Tango entstand

▶ **El Secreto de sus Ojos** – Der Film von Juan José Campanella, 2010 Gewinner des Oscars für den besten ausländischen Film, zeichnet ein präzises Bild von den unruhigen Siebzigerjahren in Argentinien

▶ **In Patagonien** – Bruce Chatwins klassischer Reisebericht aus den Siebzigerjahren zeigt den Süden Argentiniens und dessen Bewohner ein paar Jahrzehnte vor dem Tourismusboom

▶ **Nueve Reinas** – Der Thriller (engl. „Nine Queens") von Fabián Bielinsky aus dem Jahr 2000 erzählt von der Überlebenskunst der *porteños*

▶ **Kamchatka** – Marcelo Piñeyros Film aus dem Jahr 2002 handelt vom dramatischen Überleben einer von der Militärdiktatur der Achtzigerjahre verfolgten Familie

▶ **Chinese zum Mitnehmen** – In dem 2011 angelaufenen Film von Sebastián Borensztein, im Original „Un Cuento Chino", kommen ein verbitterter Argentinier und ein in Buenos Aires gestrandeter Chinese zusammen, ohne auch nur ein Wort in einer gemeinsamen Sprache zu finden. Der Komödienton entspricht dem fatalistischen Humor der *porteños*

Gute Weinkarte. *Santa Fe/3 de Febrero | Tel. 03752 43 72 88 | €€*

EINKAUFEN

MERCADO ARTESANAL

Neben dem Regionalmuseum *(Alberdi 600)* im Parque República de Paraguay finden Sie diesen Kunstgewerbemarkt mit schönen Korbwaren.

ÜBERNACHTEN

POSADAS URBANO

Modernstes Hotel der Stadt, mit Restaurant, Pool und Spa. *84 Zi. | Bolívar 1276 | Tel. 0376 4 44 38 00 | www.hahoteles. com/haposadasurbano | €€€*

POSADEÑA LINDA

Nettes Hostel mit Pool im Patio. *6 Zi. | Bolívar 1439 | Tel. 0376 4 43 92 38 | www.ar gentinaturismo.com.ar/posadenalinda | €*

AUSKUNFT

INFORMACIÓN TURÍSTICA

Colón 1985 | Tel. 03752 44 75 40 | www. turismo.misiones.gov.ar

ZIELE IN DER UMGEBUNG

CORRIENTES (134 C2) (*m* E5)

Das gut 300 km westlich von Posadas gelegene Corrientes ist mit 350 000 Ew. die kleine, aber von modernem Geschäftsleben geprägte Hauptstadt der gleichnamigen Provinz. Orangen- und Akazienbäume säumen die nüchternen Straßen, die im Februar mit dem Karneval spektakulär belebt werden. Das alte *Franziskanerkloster (Mendoza 468)* gehört zu den wenigen gut erhaltenen historischen Gebäuden der Stadt. Ab 1608 gebaut, beherbergt es zahlreiche Reliquien und religiöse Geräte aus der Gründerzeit. Eine Spezialität der Stadt sind Flussfische (z. B. **INSIDER TIPP** *surubí* in Alufolie gebacken).

JESUITENREDUKTIONEN
(135 E2) (*m* F5)

Von Posadas aus sind die Reste der Missionsstationen mit Linienbussen problemlos zu erreichen. Zahlreiche Reisebüros bieten Halbtagsausflüge (55 km) nach ★ *San Ignacio Mini (tgl. 8–19 Uhr | Eintritt 30 Pesos)* an, der schönsten der Reduktionen. San Ignacio Mini ist vor al-

Río Paraná in Corrientes: Eine kulinarische Spezialität der Stadt sind Flussfische

Buntsandstein und Basalt: Ruinen der Missionsstation San Ignacio Mini

durch Viehzucht beträchtliche Gewinne erwirtschafteten, die bei den ortsansässigen *estancieros* Neid hervorriefen. Oft wurden die Reduktionen als eine frühsozialistische Gesellschaftsform interpretiert. Denn die Produktionsmittel befanden sich in den Händen der Allgemeinheit, und die Verwaltung wurde gemeinschaftlich organisiert. Berühmt waren die Städte auch für die Musikalität und handwerklichen Fähigkeiten ihrer Bewohner. Die Grenzkriege zwischen Argentinien, Paraguay und Brasilien im 19. Jh. zerstörten schließlich die Gebäude der Missionssiedlungen.

PUERTO IGUAZÚ

(135 F1) *(♔ F5)* **Der kleine, eher ungepflegte Ort wäre sicher keine Reise wert, wenn in seiner Nähe nicht die größten und eindrucksvollsten Wasserfälle des ganzen amerikanischen Kontinents tosend in die Tiefe stürzten.**

Zwischen der Kleinstadt und dem Parque Nacional Iguazú liegen nur 20 km. Zahlreiche Reisebüros bieten neben den klassischen Bustouren auch Wanderungen durch den Urwald und Floating auf dem Oberlauf des Río Iguazú an.

Auf der brasilianischen Seite, auf der die Wasserfälle liegen, befinden sich zahlreiche Hotels internationalen Niveaus im moderneren Foz do Iguaçu. Auf argentinischer Seite ist man praktisch am Wassergetöse inmitten des Urwalds, auf der brasilianischen hat man dagegen eine weitere Übersicht. Flussabwärts, in Richtung von Itaipú, dem – gemessen an der Energieproduktion – größten Wasserkraftwerk der Welt, kommt man über eine Brücke nach Ciudad del Este in Paraguay, ein Preisparadies mehr oder min-

lem berühmt für seine Bauwerke aus Buntsandstein und Basalt, seine Arkadengänge und indianische Kirchenmalerei. Wer genügend Zeit hat, sollte sich auch die Missionsstädte *Candelaria* (20 km), *Santa Ana* (40 km) und *Loreto* (50km) ansehen.

Vom Beginn ihrer Missionstätigkeit bis zur Vertreibung der Jesuiten 1767 lieferten die christlichen Indianerdörfer Stoff für Legenden, Verleumdungen und Spekulationen. Wahr ist, dass die Siedlungen durch den Anbau von Mate und

der legal gehandelter Waren aus aller Welt.

ESSEN & TRINKEN

Außerhalb der Hotels ein gutes Restaurant zu finden ist recht schwierig. Zu empfehlen: *La Rueda (Av. Córdoba 28/ Victoria Aguirre | Tel. 03757 42 25 31 | €–€€)*. Gegrilltes und Fisch gibts im *El Quincho del Tío Querido (Av. Bonpland 110 | Tel. 03757 42 01 51 | www.eltioque rido.com | €–€€)*.

ÜBERNACHTEN

ALEXANDER
Mittelklasse, mit Pool und Snackbar. *50 Zi. | Av. Córdoba 222 | Tel. 03757 42 02 49 | www.alexanderhotel.com.ar | €€*

HOTEL BOURBON CATARATAS
Von einem Park umgebenes Luxushotel 22 km entfernt auf brasilianischer Seite an der Straße zu den Wasserfällen. *312 Zi. | Rodavia das Cataratas km 2,5 | Tel. 005545 35 21 39 00 | www.bourbon.com. br | €€€*

JARDÍN DE IGUAZÚ
Modernes Hotel mit Pool und Innenhof. Zuvorkommendes Personal. *29 Zi. | Bompland 274 | Tel. 03757 42 46 66 | www. jardindeiguazu.com.ar | €€*

HOTEL RAFAIN CENTRO
Viersternehotel mit 120 Zimmern auf der brasilianischen Seite im Zentrum von Foz do Iguaçu. *Rua Marechal Deodoro 984 | Tel. 005545 35 21 35 00 | www.rafaincent ro.com.br | €€*

SHERATON INTERNACIONAL IGUAZÚ ☼
Einziges Hotel im Park, mit Aussicht auf die Wasserfälle. Restaurant, Pool und Spa. *176 Zi. | Parque Nacional Iguazú | Tel. 03757 49 18 00 | www.sheraton.com.ar | €€€*

TROPICAL
4 km außerhalb liegt das kleine Hotel mit 60 Zimmern in einem eigenen kleinen Park. Schwimmbad und Restaurant. *Ruta 12 km 4 | Tel. 03757 42 42 71 | www.ho teltropicaliguazu.com.ar | €€*

FREIZEIT & SPORT

Der subtropische Regenwald um die Wasserfälle mit seiner berauschenden Artenvielfalt lädt zur Fotosafari und zu Spaziergängen ein. Wer weiter in den dichten Urwald eindringen möchte, kann eine Tour über den Macucopfad bis zum unte-

LOW BUDG€T

▶ Auch in den Nordosten fährt man mit dem Zug viel billiger als mit allen sonstigen Transportmitteln. Der Zug El Gran Capitán verbindet zweimal wöchentlich Buenos Aires *(Estación Federico Lacroce | www.trenesdellito ral.com.ar)* mit Posadas in einer – offiziell – 26-Stunden-Fahrt, die freilich auch länger dauern kann: 2. Klasse 20 Euro, 1. Klasse (im Sommer ratsam!) 30 Euro.

▶ Für nur rund 10 Euro kann man mit den lokalen Fischern in Paraná in einfachen Booten einen Tagesausflug unternehmen und über die Küstenvegetation, rund 300 Fischarten und die alten Fischertraditionen staunen. Abfahrt: *Steg der Costanera Baja | Muelle 2 | Luis „Cosita" Romero | Tel. 0343 156 11 21 70*

ren Iguazúfluss und dann im Schlauchboot am Arrecheafall vorbei zurück zur Garganta del Diablo der Iguazúfälle buchen *(Iguazú Jungle Explorer | Hotel Internacional Iguazú und im Park | Tel. 03757 42 16 96 | www.iguazujunglexplorer.com)*. Ein Abenteuer ganz anderer Art ist ⭐ Floating (im Schlauchboot ohne Motor) auf dem Oberlauf des Iguazú, d. h. oberhalb der Wasserfälle. Die Fahrt beginnt in Puerto Canoas und führt den Fluss hinab bis kurz vor die Wasserfälle. Wer möchte, kann auch einen Tagesausflug (auch mit Führung der einheimischen Guaraníindianer) buchen, der durch unberührten Urwald führt und hervorragende Möglichkeiten zur Beobachtung der artenreichen Tier- und Pflanzenwelt bietet. *Aguas Grandes | Entre Ríos 66 | Tel. 03757 42 55 00 | www.aguasgrandes.com*

AUSKUNFT

Informationen erhält man über das örtliche Tourismusbüro *(Victoria Aguirre 311 | Tel. 03757 42 08 00)* und über die Parkverwaltung *(Tel. 03757 49 14 44 | www.parquesnacionales.gov.ar, www.iguazuargentina.com)*.

ZIELE IN DER UMGEBUNG

CATARATAS DEL IGUAZÚ ⭐ ● ☼
(135 F1) *(ᗰ F4–5)*

Im *Parque Nacional de Iguazú* werden Sie Zeuge eines unvergesslichen Naturschauspiels. Die großen Wasser, wie die Guaraní die Wasserfälle nennen, stürzen sich aus 70 m Höhe in die hufeisenförmige Schlucht. Die Front der Fälle, in ein weites Delta mit zahllosen Inseln aufgefächert, misst 2,7 km. Die Luft flirrt vor Hitze, gewaltige Gischtmassen lassen bei Sonnenschein kleine Regenbogen entstehen, die gesamte Gegend ist von einem ständigen Dröhnen erfüllt.

Hier, im äußersten Nordosten Argentiniens, fallen jährlich 2000 mm Niederschlag. Nachts steigt die Luftfeuchtigkeit auf 90 Prozent, und die warmen Tagestemperaturen lassen die gesamte Gegend zu einem fruchtbaren Treibhaus werden, in dem die Natur so üppige Formen annimmt wie im Paradies.

Der Regenwald bringt gewaltige Baumriesen hervor wie den bis zu 40 m hohen Lapacho Negro sowie zahlreiche Edelhölzer, Bambusgewächse, Guavenbäume und wilde Papayas, Tausende von Ficusgewächsen und unzählige leuchtende Orchideen, Lianen und Kletterpflanzen, Malven mit spinnenförmigen Früchten und grazile Palmen. Schwergewichtige Tapire (300 kg) und kleine Hirsche durchstreifen das Unterholz nach Früchten. Riesige Rudel von Warzenschweinen machen die Gegend unsicher, und auf den Bäumen leben Kapuziner- und Brüllaffen. Neun verschiedene Arten von Beuteltieren ernähren sich von Insekten und Früchten. Sie werden selbst zur Beute, wenn Jaguar, Puma, Wildkatze, Berglöwe, Frettchen, Fuchs und Waschbär auf die Jagd gehen. Nachts gehört der Park den Fledermäusen, selbst der Blut saugende Vampir gehört dazu. Tagsüber wimmelt es von Schmetterlingen und Vögeln wie Papageien, Kolibris, Spechten und Tukanen. Dem Pfefferfresser, Wahrzeichen der gesamten Region, sagen die Guaraní sogar magische Kräfte nach.

Man sollte wegen der teilweise giftigen Schlangen keinesfalls in Sandalen durch das Buschwerk laufen. Außerdem ist ein Balsam für Mückenstiche sowie eine Salbe zur Vorbeugung ratsam. Besonders zu empfehlen: *Repelente Off,* in allen argentinischen Apotheken zu haben.

Sechs verschiedene Rundgänge nehmen von 20 Minuten bis zu drei Stunden in Anspruch. Ein offener, gasgetriebener Ökozug fährt die Gäste durch den Urwald zum Ausgangspunkt der Spazierpfade *(Estación Cataratas)* und zum Steg über den Schwindel erregenden, 80 m hohen Wasserfall der *Garganta del Diablo (Estación Garganta del Diablo). Im Sommer tgl.*

Urwald und Wasser ein Charakteristikum der Provinz Misiones, vor allem im erst seit Kurzem leichter zugänglichen Ostrand, am Ufer des Río Uruguay, der hier die Grenze zu Brasilien bildet. Dort erstre-

In Iguazú können Sie auch die artenreiche Vogelwelt bestaunen

8–19, im Winter 8–18 Uhr | Parkeintritt 100 Pesos | www.iguazuargentina.com

FOZ DO IGUAÇU (135 F1) (*Ø F4–5*)

Die einzige Gelegenheit, eine Gesamtansicht der Wasserfälle zu erleben, ist ein Ausflug in den brasilianischen Ort Foz do Iguaçu. Ein 1,5 km langer, gepflasterter Weg führt dort den Fällen gegenüber am Urwaldrand entlang. Mit einem Lift kann man außerdem die Florianofälle hinauffahren. Ausflüge nach Brasilien organisiert *Sol Iguazú Turismo (Puerto Iguazú | Av. Victoria Aguirre 316 | Tel. 03757 42 11 47 | www.soliguazu.com.ar).*

INSIDER TIPP ► SALTOS DEL MOCONÁ
(135 F2) (*Ø F5*)

Auch abseits vom Massentourismus, der sich bei den Iguazúfällen drängt, sind

cken sich die Wasserfälle der Saltos del Moconá auf 3 km, umgeben von Urwald. Wanderungen und Bootsfahrten sind im Angebot der *Lodge Don Enrique (am Ufer des Arroyo Paraíso | Tel. 011 47 32 35 02 | www.donenriquelodge.com.ar | €€€)* und des *Refugio Moconá (4 km von den Wasserfällen | Tel. 03752 42 18 29 | www. refugiomocona.com.ar | €€)* eingeschlossen.

SAN IGNACIO MINI (135 E2) (*Ø F5*)

Auch von Puerto Iguazú aus kann man in einem Tagesausflug die Jesuitenreduktion San Ignacio Mini besuchen *(tgl. 8–19 Uhr | Eintritt 30 Pesos inkl. Führung).* Der Bus macht unterwegs Halt in einer Mateplantage und in der Edelsteinmine *Wanda,* in der hauptsächlich Amethyste gefördert werden.

PATAGONIEN UND FEUERLAND

Patagonien beginnt südlich des Río Colorado und erstreckt sich über fast 2000 km Richtung Süden bis zur Magellanstraße. Es ist von seiner Ausdehnung her etwas größer als Frankreich, und das bei einer Bevölkerungsdichte von nur einem Menschen je 2 km².

Zwischen den Orten liegen oft mehrere Flugstunden oder tagelange Busfahrten. Das argentinische Eisenbahnnetz endet in Esquel, weiter südlich muss man auf alte Überlandbusse umsteigen. Kaum ein anderes Reiseziel verbindet sich so sehr mit unserer Sehnsucht nach Abenteuer und Abgeschiedenheit.

Patagoniens staubige Küste beherbergt eine faszinierende Tierwelt. Hier treffen Steppenbewohner wie Guanakos, Gürteltiere, Maras (Pampahasen) und Rotfüchse auf riesige Seeelefanten und Pinguinkolonien. Die Strände werden vom planktonreichen Falklandstrom umspült. Dieses ständige Nahrungsangebot lockt Fischschwärme an, die ihrerseits beliebte Beute für größere Jäger sind. So tummeln sich im Golf von San José (Península Valdés) Hunderte von Delphinen. Majestätische Seeelefantenmännchen bewachen ihren Harem in Punta Delgada, ebenfalls auf der Halbinsel Valdés. Von Juni bis Oktober kann man mit kleinen Booten unter kundiger Führung die kolossalen Bartenwale beobachten. Jahr für Jahr suchen Hunderte von südlichen Glattwalen die abgeschiedene Küste Patagoniens auf, um sich hier zu paaren und anschließend ihre Jungen aufzuziehen.

Bild: Cerro Fitz Roy

Grandiose Naturschauspiele: gigantische Gletscher, versteinerte Wälder und Höhlenmalereien

Die Anden Südpatagoniens unterscheiden sich ganz wesentlich von allen anderen Gebirgslandschaften der Erde. Die Berge öffnen sich auf die unermesslich weite Steppe oder auf die Flächen der kontinentalen Gletscher. Als Relikt aus der Eiszeit weisen die Anden hier zwei ausgedehnte Eisflächen auf, ähnlich denen Grönlands und der Antarktis, die sich über 17 900 km² erstrecken. Im Osten ragen einige Gletscherzungen in die großen Seen Argentiniens. Dieses Naturschauspiel bewirkte 1937 die Einrichtung des Gletschernationalparks im Südwesten der Provinz Santa Cruz mit einer Gesamtfläche von 6000 km². Wenn die Gletscher kalben, treiben kleine Eisberge auf dem Wasser bis in die Steppe.

Steinwüste, Savanne und ausgedörrte Flusstäler prägen das Bild des patagonischen Hochlands im Zentrum der Provinzen Chubut und Santa Cruz. Im Sommer wird es tagsüber unerträglich heiß. Temperaturen bis zu 40 Grad Celsius sind dann keine Seltenheit. Nachts kühlt es sich dagegen empfindlich ab. Diese extremen Temperaturschwankungen und die schneidenden Winde haben eine touristische Erschließung dieser Mondlandschaft in größerem Maßstab bisher verhindert. Und doch hält sie ein einzigartiges Naturschauspiel bereit: die versteinerten Wälder Patagoniens. Im stei-

Feuerland durchzieht eine Staatsgrenze von Norden nach Süden. Der westliche Teil gehört zu Chile, der östliche wird von Argentinien regiert. Reisen und Verkehr sind aber seit einem 1985 geschlossenen Abkommen zwischen beiden Staaten problemlos möglich.

150 Mio. Jahre alt: versteinerte Araukarienstämme im Bosque Petrificado

nernen Wald bei Comodoro Rivadavia sind vor rund 150 Mio. Jahren riesige Araukarienstämme verkieselt. Bizarre Basaltsäulen erzählen von der Vulkantätigkeit vor Urzeiten.

Südlich der Magellanstraße verliert sich Südamerika im Inselgewirr Feuerlands. Sturm umtost den Granitfelsen Kap Hoorn, wo Pazifischer und Atlantischer Ozean aufeinanderprallen. Eisbedeckte Berge wachsen direkt aus dem Meer und beschatten Beaglekanal und Magellanstraße. Und in den tiefen Fjorden Südchiles, in der Cordillera Darwin, herrscht eine atemraubende Stille, die nur durch das Krachen kalbender Gletscher durchbrochen wird.

ZIELE IN PATAGONIEN UND AUF FEUERLAND

INSIDER TIPP **ALUMINÉ** (130 C1) *(Ø B9)*
Die nordpatagonischen Seen kann man von Aluminé (Provinz Neuquén) aus gut anfahren (Hotelempfehlung: *B & B Casa de Campo | RP 11 4 km südl. von Aluminé | Tel. 02942 15 66 22 85 | www.interpatago nia.com/casadecampo | €–€€* und *Hostal del Río | RP 11 2 km nördl. von Aluminé | Tel. 02942 49 64 17 | www.hostaldel rio.com.ar | €–€€*). Am Ufer des Sees Pulmari, 36 km von Aluminé, liegt das exklusive *Piedra Pintada Resort (12 Zi. | Tel. 02942 49 63 96 | www.piedrapintada. com.ar | €€€ mit Vollpension)*, wo Sie

rund 180 Vogelarten beobachten können. Die Mapucheindianer beanstanden allerdings die Land- und Seeabgabe in Pulmari an den italienischen Hotelinhaber. 100 km südlich von Aluminé zweigt bei Junín de los Andes der Weg ab ins ● Bergspa *Lahuen Co (RP 62 | Termas de Epulaufquen | Tel. 02972 42 47 09 | www.la huenco.com | €€€)* im Nationalpark Lanín. Unter der Führung eines Zenlehrers wird in dem Thermalbad im Schatten des Vulkans Lanín ein harmonisches Zusammenleben von Mensch und Natur angestrebt.

INSIDER TIPP ▶ BOSQUE PETRIFICADO
(130 C3) (*Ω C11*)

Die moderne Stadt (175 000 Ew.) Comodoro Rivadavia im Süden der Provinz Chubut an der Atlantikküste ist der Ausgangspunkt für Exkursionen in die Welt der versteinerten patagonischen Wälder. Der *Bosque Petrificado José Ormaechea* ist über die Rutas 26 und 20 nach Sarmiento zu erreichen.

CABO DE HORNOS ★
(131 D6) (*Ω C14*)

Kap Hoorn ist ein Name, der bei Seeleuten Respekt erzeugt. Wer im Segelschiff die gefährliche Meeresroute westwärts gegen den ewigen Wind schaffte, gehörte dem exklusiven Klub der Kap-Hoorners an. Die Fahrzeit wurde sogar fürs Buch der Rekorde verglichen: Am schnellsten war der deutsche Viermaster Priwall, der 1938 in fünf Tagen und 14 Stunden vom 50. Breitengrad Süd im Atlantik bis zum 50. Breitengrad Süd im Pazifik segelte. Segeltörns nach Kap Hoorn, zur legendären Isla de los Estados und durch die Gletscher der Darwinkordillere beginnen alle in Ushuaia: *Henk Boersma | Yacht Sarah W. Vorwerk | P.O. Box 61 | Ushuaia | Tel. 02901 15 41 33 94 | www.sarahvor werk.com; Ocean Expeditions | Tel. 0061*

4 18 58 56 65 | www.o... com; Mago del Sur | ... Ushuaia | Tel. 011 15 ... magodelsur.com.ar

CERRO FITZ ROY ★ ● ☀
(130 B4) (*Ω B12*)

Wanderungen im Schatten der imposanten Türme des Fitz-Roy-Massivs beginnen im kleinen Ort El Chaltén (1500 Ew.) 220 km nördlich von Calafate. Das Basiscamp des Cerro Torre kann man von hier in einer Tageswanderung erreichen und dann aus 2500 m Höhe einen atemraubenden Rundblick über die patagonischen Anden genießen.

FALKLANDINSELN (ISLAS MALVINAS)
(131 E5) (*Ω D–E 12–13*)

Ob der im Südatlantik gelegene Archipel der Malvinas, so der spanische Name, zu Großbritannien oder zu Argentinien gehört, das ist für Argentinier keine Frage. Seit der britischen Besetzung im Jahr 1833 hat kaum je eine argentinische Regierung ihren Souveränitätsanspruch

---

★ **Cabo de Hornos**
Einwöchige Segeltour um das Traumziel aller Segler → S. 93

★ **Cerro Fitz Roy**
Die imposanten Türme des Massivs laden zu Ausflügen ein → S. 93

★ **Glaciar Perito Moreno**
Der riesige Gletscher kalbt krachend in den Lago Argentino → S. 94

★ **Península Valdés**
Zuflucht für Seelöwen, Pinguine, Wale und Seeelefanten → S. 96

MARCO POLO HIGHLIGHTS

igegeben. Argentinien geht es dabei besonders um den Zugriff auf die reichhaltigen Vorkommen an Erdöl und Krill und um den Zugang zur Antarktis. Das Problem ist durch den Falklandkrieg 1982 ganz und gar nicht gelöst worden. Großbritannien unterhält heute einen kostspieligen Marinestützpunkt auf den Inseln, und die Kelper (Falklandbewohner) haben jeden Kontakt zu den Einwohnern Argentiniens abgebrochen. Lan-Chile fliegt für rund 520 Euro samstags von Punta Arenas im chilenischen Feuerland (einmal im Monat auch mit Zwischenlandung im argentinischen Río Gallegos) die Inseln an, die sich größter Beliebtheit bei

Ornithologen erfreuen. Hier nisten der gigantische Albatros und der elegante Königspinguin. Auskunft: *Stanley Services Ltd. | Port Stanley | Tel. 00500 2 26 22 | www.visitorfalklands.com, www. falklands.gov.fk; Falkland Islands Tourist Board | Tel. 00500 2 22 15 | www.falkland islandsholidays.com*

PARQUE NACIONAL LOS GLACIARES/ GLACIAR PERITO MORENO
(130 C4–5) (*Ø B12*)

Den riesigen, bis vor wenigen Jahren noch im Wachstum begriffenen Kontinentalgletscher, den imposanten ⭐ *Glaciar Perito Moreno* (30 km lang, am See 4 km breit und bis zu 70 m hoch über dem Wasserspiegel, mit 195 km^2 Fläche so groß wie die Stadt Buenos Aires) am Lago Argentino, besucht man am günstigsten von El Calafate aus, einem kleinen Ort, der mit einem modernen Flughafen und zahlreichen Hotels und Res-

Der Perito-Moreno-Gletscher ragt bis zu 60 m über die Wasserfläche des Lago Argentino hinaus

taurants ausgestattet ist. Von dort aus werden Bustouren und Wanderungen auf dem Gletscherrücken sowie Bootsausflüge zu weiteren der mehr als 100 Gletscher im Nationalpark Los Glaciares angeboten.

Die Gletscherlandschaft entsteht aus einem enormen Eisfeld von 22 500 km². Das Westgefälle der Anden lässt das Eis in Gletscherform fließen, bis es in die großen Seen Viedma, Argentino und San Martín einschmilzt. Im Naturpark kann man in der ☼ *Hostería Los Notros (32 Zi. | Tel. 011 52 77 82 00 | www.losnotros. com | €€€)* mit unvergleichlicher Sicht auf den Gletscher übernachten.

Überall in Patagonien haben Archäologen Felsmalereien gefunden, Jagdszenen, Guanakoherden, menschenähnliche Abbildungen und Handabdrücke. In den verhexten Höhlen *Punta Gualicho* bei Calafate sind diese vermutlich kultischen Malereien, die um das Jahr 4000 v. Chr. entstanden sein sollen, besonders schön.

PARQUE NACIONAL DE TIERRA DEL FUEGO ☼ (130 C6) (*ℳ C14*)

Auf einer Gesamtfläche von 630 km² bietet Feuerlands Nationalpark neben Bergketten, ausgedehnten Hochmooren, Flüssen, tiefen Tälern und dichten Südbuchenwäldern auch felsige Meeresküste. Er ist besonders für Birdwatching geeignet: Hier treffen flugunfähige Dampferenten auf Wildgänse, Austernfischer, Albatrosse und Waldvögel wie den schwarzen Magellanspecht. Auch der Kondor lebt hier.

Gewaltige Biberdämme durchschneiden das Gebiet und lassen es langsam versumpfen. An den Moorseen wächst Sonnentau, im Schatten der Südbuchen blühen Orchideen. Ausgangspunkt für Exkursionen ist *Ushuaia* (87 000 Ew.), die Hauptstadt Feuerlands. Erkundigen

Sie sich nach Trekking oder Birdwatching-touren. Ausflüge organisiert u. a. *Rumbo Sur (Av. San Martín 350 | Tel. 02901 42 11 39 | www.rumbosur.com.ar).*

PENÍNSULA VALDÉS ★ ●

(131 D2) (*∅ D10*)

Die quirlige Hafenstadt Puerto Madryn an der rauen patagonischen Küste ist das Tor zur Halbinsel Valdés *(Zugang 70 Pe-* te, die sie im relativ warmen Wasser vor dem Wind schützt. Die enormen Wasser-tiere paaren sich hier und stillen die Jungwale, bis sie zur weiten Reise in die Antarktis bereit sind. Am Nordrand des Orts steht das moderne, mit Sonnen-energie betriebene 🌱 Ökohotel *Del Nó-made (8 Zi. | Av. de las Ballenas | Tel. 02965 49 50 44 | www.ecohosteria.com. ar | €€€).*

Atlantik um Valdés: Kinderstube für Buckelwale und andere Meeressäuger

sos) und ihrer faszinierenden Tierwelt. Über einen 35 km langen Landstreifen, den *Istmo Ameghino,* mit der Küste ver-bunden, teilt Valdés die Buchten Golfo San José und Golfo Nuevo. Die beiden Straßen Ruta 2 und 3 bilden einen Rund-weg, der alle sehenswerten Punkte mit-einander verbindet. Vom 🌱 Aussichts-turm des Informationszentrums hat man einen Rundblick über das ganze Gebiet. 10 km südlich erreichen Sie die Bucht von *Puerto Pirámides.* Von Mai bis November starten hier Boote zur Bucht der Wale ab 180 Pesos pro Person. Die Wale ruhen im Winter vor der hohen patagonischen Küs- In der *Caleta Valdés* im Osten des Natur-reservats haben Pinguine Zuflucht gefun-den. Im äußersten Norden, in *Punta Norte,* machen im Sommer die Orcas (Schwert-wale) Jagd auf die Seelöwenjungen am Strand. Auf der Südwestspitze der Halb-insel, bei *Punta Delgada,* sonnen sich die Seeelefanten. Hier findet man eine der einsamen Landschaft angepasste Unter-kunft im ehemaligen Postgebäude und Offizierskasino **INSIDER TIPP** *Hotel Faro Punta Delgada (27 Zi. | Tel. 02965 45 84 44 | www.puntadelgada.com | €€€).* Das Ökosystem der Halbinsel und ihrer Umgebung wird in dem nach modernen

Museumskonzepten geführten ● 🌿 *Ecocentro Mar Patagonia (Jan./Feb. tgl. 10–13 und Mi–Mo 17–21, April und Juni Mi–So 15–19, März und Juli–Sept. Mi–Mo 15–19, Okt.–Dez. 15–20 Uhr | Eintritt 44 Pesos | Julio Verne 3784 | www.ecocentro.org.ar)* an der Südspitze von Puerto Madryn dargestellt.

PUNTA TOMBO (131 D3) (🌐 C10)

110 km südlich von Trelew zieht sich diese Landzunge 3,5 km weit in den Atlantik hinein und bietet auf flachen Sandstränden ideale Brutbedingungen für Magellanpinguine. Hier befindet sich die größte Pinguinkolonie außerhalb der Antarktis mit mehreren Millionen Tieren.

SAN CARLOS DE BARILOCHE (130 C2) (🌐 B9)

Ein Besuch in Bariloche (108 000 Ew.) führt Reisende in die „Argentinische Schweiz". 770 m über dem Meer, ist die Stadt von Seen und Bergen umgeben. Der See *Nahuel Huapi* mit einer Oberfläche von 550 km² bietet zahlreiche Möglichkeiten zum Angeln, Segeln sowie Wasserski- und Kajakfahren. Unter den Hotels sticht das 🌿 *Llao Llao Hotel & Resort (201 Zi. | Av. Bustillo km 25 | Tel. 02944 44 85 30 | www.llaollao.com | €€€)* wegen seiner günstigen Berglage hervor. Die Region um Bariloche und das benachbarte La Angostura erholt sich von dem schweren Ascheregen des chilenischen Vulkans Puyehue, der 2011 den Boden mit bis zu 40 cm Sedimenten bedeckte.

INSIDER TIPP ▸ VALLE DE LOS DINOSAURIOS (130 C1) (🌐 B9)

Im Dinosauriertal in der Provinz Neuquén, einer der reichsten paläontologischen Fundstellen der Welt, geht es durch versteinerte Wälder, an den Fußstapfen der prähistorischen Tiere vorbei und durch die lokalen Museen. Dort sind u. a. das Skelett eines 13 m großen fleischfressenden Giganotosaurus und die fossilen Knochen eines 40 m langen Argentinosaurus zu sehen. In der Ortschaft *Plaza Huincul* befindet sich das *Dinosauriermuseum Carmen Funes (Mo–Fr 9–19.30, Sa/So 9–21 Uhr | Ruta 22/RP 17)*. Das lokale *Tourismusbüro (Tel. 0299 4 96 76 37)* am östlichen Stadteingang gibt Auskunft über Ausflüge zu den Fundstätten. *www.interpatagonia.com/paleontologia/hallazgos.html*

GOLD ODER GLETSCHER?

Die zahlreichen Gletscher in Patagonien sind einer doppelten Bedrohung ausgesetzt: Einerseits lässt der Klimawandel die Eiszungen schmelzen. Andererseits nehmen Bergbauprojekte auf der Suche nach neuen Edelmetall-Fundstellen zu. Vor allem die wegen des steigenden Goldpreises florierenden Goldminen gehen zulasten der Gletscher – wegen der aggressiven Abbaumethoden, die z. B. Zyanid verwenden. Die Gold- und Silberbestände im patagonischen Boden werden auf 1,4 Mio. t geschätzt. 2010 trat ein Gesetz in Kraft, das die Gletscher und deren Umfeld für unantastbar erklärte. Der Gletscher Viedma, der auf den gleichnamigen See zufließt, hat seit 1930 rund 1 km an Länge und 50 m an Höhe verloren. Das geschmolzene Wasser der patagonischen Gletscher trägt überdies zum Ansteigen der Meeresspiegel bei.

AUSFLÜGE & TOUREN

Die Touren sind im Reiseatlas, in der Faltkarte und auf dem hinteren Umschlag grün markiert

1 DSCHUNGEL UND BERGWÜSTE IM NORDWESTEN

Eine Reise durch kontrastierende Landschaften, durch Dschungel und Bergwüsten, von San Miguel de Tucumán, der Metropole des Nordwestens, über die Weingegend im Süden der Provinz Salta und durch Kakteenwälder bis zur Provinzhauptstadt Salta, genannt „die Schöne". Insgesamt fast 900 km, zum Teil auf nicht asphaltierter Bergstraße, für die Sie sich mindestens fünf Tage Zeit nehmen sollten. Sie können den Mietwagen auch in Salta abgeben und sich so die rund 300 km lange Rückfahrt sparen.

In San Miguel de Tucumán, Hauptstadt der kleinsten und am dichtesten bevölkerten Provinz Argentiniens, kann man um die Plaza Independencia die Prachtbauten der vorletzten Jahrhundertwende bewundern, als sich hier um die Zuckerindustrie ein reiches lokales Bürgertum bildete. Von der Plaza fahren Sie ostwärts an vornehmen Villen vorbei langsam den Hang der Sierra de San Javier hinauf. Bei km 25 zweigen Sie links auf die Ruta Provincial 338 ab, um nach noch einmal 16 km Villa Nougués zu erreichen, wo die Zuckerbarone sich auf 1054 m Höhe vom feuchten Stadtklima erholten. Auf der Terrasse der Hostería Pepe Terán (Tel. 0381 154 09 96 00 | www.hosterianougues.com.ar | €€) können Sie mittags die Landschaft bewundern, während Sie Forellen oder empanadas essen.

Bild: Kaiman in den Esteros del Iberá

Wüste, Tropen, Gletscherseen:
drei Touren, die Sie durch Argentiniens
spektakuläre Natur führen

Fahren Sie die 338 weiter, jetzt geht es bergab in die Zuckerrohrplantagen. Bei der stillgelegten, herrschaftlichen Anlage in San Pablo biegen Sie südwärts ab auf die RP 301, um bei Famaillá die Bundesstraße 38 zu erreichen. Nur 10 km südlich, bei Acheral, kommen Sie auf die RP 307, die 59 km lang nach Tafí del Valle führt. Der Weg führt zum Teil über steile Abhänge, die in den Siebzigerjahren Kampfgebiet zwischen linker Guerilla und Militär waren. Am Eingang des Tafítals befindet sich der **Parque de los Men-** hires, wo rund 50 Monolithen der alten Tafíkultur (4.–9. Jh.) zusammengebracht worden sind. 10 km weiter sind Sie in **Tafí del Valle,** wo Sie im **Hotel Mirador del Tafí** *(32 Zi. | km 61,2 | Tel. 03867 42 12 19 | www.miradordeltafi.com.ar | €€)* übernachten können.

Weiter geht es über die Landstraßen 307 und 357 bis zur Bundesstraße 40, wo eine Abzweigung zu den **Ruinen** der befestigten Stadt der Quilmesindianer führt, die eine ausgeklügelte Bewässerungskultur auf Terrassen angelegt hatten. Nach

52 km erreichen Sie Cafayate. Hier wird der aromatische Weißwein Saltas produziert. Das traditionsreiche Weingut INSIDER TIPP Bodegas Etchart *(RN 40 km 4338 2 km südl. von Cafayate | Tel. 03868 42 13 10 | www.bodegasetchart. com)*, heute in Händen der französischen Gruppe Pernod-Ricard, ist einen Besuch wert. Zwischen Weinstöcken übernachten Sie im Resort Viñas de Cafayate *(12 Zi. | 3 km vom Hauptplatz auf der 25 de Mayo in Richtung Divisadero | Tel. 03868 15 45 28 83 | www.cafayatewineresort. com | €€€)*.

Von Cafayate geht es auf der Bundesstraße 40 nach San Carlos (22 km), einem Jesuitendorf aus dem 16. Jh., und ab da auf Schotter 136 km durch INSIDER TIPP Mondlandschaften, von Kondoren überflogen, bis Cachi. Ein Abstecher auf halbem Weg führt bei Molinos nach 16 km auf der RP 53 in das ☺ biodynamische Höhenweingut Colomé → S. 74 mit dem Lichtmuseum von James Turrell. In Cachi → S. 73 können Sie gut übernachten. Eine idyllische Alternative am Berghang ein paar Kilometer westwärts ist INSIDER TIPP Cachi Adentro, wo Sie – nur mit Reservierung! – im El Molino de Cachi Adentro *(5 Zi. | Tel. 03868 49 10 94 | www.bodegaelmolino.com.ar | €€€)*, einer Weizenmühle aus dem 17. Jh., Quartier finden. Der Mühlstein steht inmitten der fein eingerichteten Wohnung und wird auf Anfrage von den Nachbarn noch mit Wasserkraft in Betrieb genommen. Aber heute wird dort vor allem Wein in kleiner Menge und hoher Qualität produziert.

Auf der Weiterfahrt nach Salta geht es auf der Landstraße 33 zunächst über eine Hochebene, auf der Sie mit ein wenig Glück Guanakos und Vikunjas zwischen den Kandelaberkakteen des Nationalparks Los Cardones sehen werden. Auf 3260 m Höhe, wo ein enormer Mühlstein (Piedra del Molino) geheimnisvollen Ursprungs am Wegrand steht, beginnt die steile ↘️ Cuesta del Obispo, eine Passstraße mit wunderbarer Aussicht, die 1200 m hinunter ins Lermatal führt. Wieder auf Asphalt, kommen Sie durch Tabakplantagen auf die Bundesstraße 68. Biegen Sie links in Richtung Norden ein, um die letzten 38 km bis Salta → S. 71 zurückzulegen.

Dort bieten sich Ihnen zwei Möglichkeiten, wenn Sie nicht auf demselben Weg nach San Miguel de Tucumán zurückfahren wollen: Entweder geben Sie Ihren Mietwagen in Salta ab (wobei Sie dann rund 90 Euro für die Rückführung zahlen müssen), oder Sie nehmen den kürzeren und gut asphaltierten Weg über die Bundesstraßen 9 und 34 (z. T. Autobahn).

2 IM TROPISCHEN SUMPFLAND DES NORDOSTENS

Diese Tour führt Sie durch das Sumpfland der Esteros del Iberá in der Provinz Corrientes über die urwaldbedeckte Hochebene roter Erde in Misiones bis zu den Iguazúwasserfällen. In der abwechslungsreichen Landschaft zwischen den großen Flüssen Paraná und Uruguay werden Sie Fischotter, Wasservögel und Tukane sowie Affen und prächtige Schmetterlinge bewundern können. Die fruchtbare Erde hat zur Zeit der Conquista die Jesuitenpater in die Region geführt. Sie haben die ersten Yerba-Mate-Pflanzungen in autonom verwalteten Indianersiedlungen angebaut, deren Ruinen Sie besuchen. Anfang des 20. Jhs. siedelten sich zahlreiche europäische Immigranten vor allem aus Polen, Deutschland und Skandinavien in Misiones an, während in Corrientes eine stolze Gauchotradition aus dem Messerkampf einen Kult macht, aber gleichzeitig lustig den Chamamé tanzt und den Karneval groß feiert. Durch dieses Natur- und Kulturmosaik fahren Sie am besten mit einem Geländewagen. Für die nicht ganz 1000 km sollten Sie mindestens eine knappe Woche kalkulieren. Flughäfen und Leihwagen gibt es in Corrientes, Posadas und Puerto Iguazú. Von Corrientes → S. 85 nehmen Sie die Bundesstraße 12 in Richtung Süden bis Cuatro Bocas. Von dort aus geht es weiter auf der Landstraße 27 am Paranáfluss entlang nach Goya → S. 82. Von Goya fahren Sie wieder auf die Ruta 12 bis zur Kreuzung mit der Bundesstraße 123, auf der Sie ostwärts weitere 74 km bis Mercedes fahren. Hier beginnt der Weg in das riesige Sumpf- und Lagunengebiet der Reserva Natural del Iberá → S. 82. Hinter Mercedes (unbedingt vorher tanken!) verlassen Sie die Asphaltstraße und zweigen auf die Landstraße 40 ab. Nach 118 km durch Reisfelder und Kuhweiden tauchen plötzlich Palmenwälder auf: Sie befinden sich am Parkeingang. Knapp 10 km weiter gelangen Sie nach Colonia Carlos Pellegrini mit guter Hotelinfrastruktur.

Auf Erdstraße führt die Ruta 40 (später Ruta 41) am Ostufer der Sümpfe nordostwärts bis zur Bundesstraße 12, die über Asphalt nach weiteren 59 km nach Posadas → S. 83 führt. Die letzte Strecke der Ruta 12 führt über knapp 300 km von Posadas bis Puerto Iguazú → S. 86 beim Dreiländereck Argentinien/Brasilien/Paraguay am gleichnamigen Naturpark mit den Wasserfällen → S. 88. Auf dem Weg kommen Sie zu den Jesuitenreduktionen von Candelaria, Santa Ana, Loreto und San Ignacio Mini → S. 85 und 89. 110 km nach San Ignacio, kurz vor Montecarlo, befindet sich in Colonia Caraguatay das Haus, in dem Ernesto „Che" Guevara seine ersten Lebensjahre verbrachte. Mate und Urwald prägten das Leben des späteren Guerilleros. Das von Guevaras Vater gebaute Haus wurde restauriert und ist heute als Museum (tgl. 9–18.30 Uhr | Eintritt 15 Pesos | www.solardelche. com) dem Publikum geöffnet, mit Blick

Pferdehirte in Corrientes: Wild-West-Feeling stellt sich ein in den Weiten des Chaco

auf den Fluss und umgeben vom Urwald des 23 ha großen **Naturparks Ernesto Guevara de la Serna.** Von dort sind es dann nur noch 136 km bis zu den Wasserfällen.

3 DIE PATAGONISCHEN SEEN

Auf der patagonischen Strecke von 1800 km an den Anden entlang reihen sich rund 40 Seen auf. Sie können sich auf die nordpatagonischen Seen beschränken, oder Sie wagen es, durch windige Wüstengegenden Nord- und Südpatagonien zu verbinden. Dann aber mit zwei Ersatzreifen und möglichst vollem Benzintank! Auch ein Scheibenschutz ist angesichts der Schotterstrecken zu empfehlen. Die Tour ist nur im Sommer durchführbar.

San Martín de los Andes liegt direkt am **Lago Lácar,** den man im Boot bis an die chilenische Grenze durchkreuzen kann. Von der Stadt aus führt der Camino de los Siete Lagos (Ruta 234, 190 km, davon 52 ohne Asphalt) nach **San Carlos de** 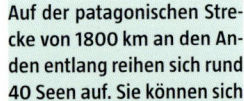 Rund 60 km vor Bariloche, am Nahuel-Huapi-See, kommen Sie durch Villa La Angostura, von wo man auf die Halbinsel Quetrihue gelangt, auf der der einzigartige, aus 300 Jahre alten Bäumen bestehende Myrtenwald steht, der **Bosque de los Arrayanes.** Zum Myrtenwald und zur Insel Victoria führt auch ein Bootsausflug *(tgl. | 250 Pesos | Greenleaf Turismo | Tel. 02944 49 44 05 | www. bosquelosarrayanes.com.ar).*

Von Bariloche aus geht es anschließend 123 km über die Bundesstraße 40 bis **El Bolsón,** seit den Sechzigerjahren des 20. Jhs. Zuflucht einer Hippiekolonie, und weiter über Epuyén auf die Landstraße 71, die Sie zu den wunderbaren Seen Futalaufquen, Verde, Menéndez und Rivadavia im **Parque Nacional Los Alerces** mit seinen namengebenden, bis zu 3000 Jahre alten Lärchen führt. In **Esquel** am Südeingang des Naturparks können Sie das Auto eine Weile stehen lassen, um eine ca. zweistündige Fahrt wie zu Pionierzeiten, gezogen von Dampfloks auf

Warum die Cueva de las Manos „Händehöhle" heißt? Ein Blick genügt

Schmalspurgleisen, im ● **Viejo Expreso Patagónico** *(Bahnhof Esquel | Roggero/ Braun | Tel. 02945 45 14 03 | www.patago niaexpress.com/la_trochita.htm)* durch die Steppe bis El Maitén mitzumachen.

In Esquel müssen Sie sich entscheiden, ob Sie den Wagen abgeben und einen Direktflug nach Buenos Aires nehmen oder endgültig von fast allen Zivilisationsspuren Abschied nehmen und sich in den tiefen Süden bis in die Gletscherregion hineinwagen möchten. In diesem Fall sind es von Esquel 562 km auf der Ruta 40 (110 km ohne Asphalt) bis zum enormen **Lago Buenos Aires.** An dessen Ufer können Sie in **Los Antiguos** *(www. losantiguos.gov.ar)* direkt an der chilenischen Grenze im **Hotel Los Antiguos Cerezos** *(19 Zi. | Av. 11 de Julio 850 | Tel. 02963 49 11 32 | €€)* übernachten. Hier wachsen Kirschbäume in einem vorteilhaften Mikroklima.

Beim Ort Perito Moreno erreichen Sie wieder die Bundesstraße 40, die Sie immer weiter Richtung Süden fahren. Nach 120 km zweigt in Bajo Caracoles ostwärts die 45 km lange Zufahrt (Landstraße 97) zur **Cueva de las Manos** ab, einer faszinierenden Stätte der Höhlenmalerei. Auf dem Weg werden Sie sicherlich Guanakos (eine Lamaart), die allgegenwärtigen *maras* (Pampahasen) und *ñandúes* (amerikanische Straußenvögel) zu Gesicht bekommen.

Wieder zurück auf der Bundesstraße 40, führt nach wenigen Kilometern die Landstraße 39 über 72 km zu den Seen **Posadas** (Übernachtung im hervorragend ausgestatteten **Complejo Turístico Lagos del Furioso** *| 13 Zi. | Reservierung in Buenos Aires | Reconquista 642 | Oficina 417 | Tel. 011 52 37 40 43 | www.lagosdelfurioso. com | €€€)* und **Pueyrredón** am Fuß der schneebedeckten Andenkordillere.

Es geht erneut zurück auf die Bundesstraße 40, bis Sie kurz vor Las Horquetas auf die Landstraße 37 wechseln, die über 90 km zum **Nationalpark Perito Moreno** führt (nicht zu verwechseln mit dem Gletscher Perito Moreno, der liegt noch weiter südlich!). Die Straße endet bei der **Estancia La Oriental** *(7 Zi. | Tel. 02962 45 21 96|www.estanciasdesantacruz.com/ LaOriental/laoriental.htm | €€€).*

Anschließend geht es fast 500 km durch öde patagonische Wüste, deren hartes Gras Schafherden futtern. In Tres Lagos biegt die Ruta 40 scharf in den Westen, in die Region der beiden südlichsten Seen, **Lago Viedma** und **Lago Argentino,** der beiden enormen Eingangstore zum **Parque Nacional Los Glaciares** → S. 94. 17 km nach Tres Lagos zweigt die Landstraße 23 ab, die am Nordufer des Lago Viedma entlang nach **El Chaltén** führt, dem Paradies der Trekker an der chilenischen Grenze am Fuß des **Cerro Fitz Roy** → S. 93.

Zurück auf der Ruta 40, sind es noch 128 km bis **El Calafate,** Ausgangsort zum weltberühmten **Gletscher Perito Moreno.** Empfehlenswert zur Übernachtung: **Hostería Cauquenes de Nimez** *(18 Zi. | Calle 303 Nr. 79 | Tel. 02902 49 23 06 | www.cauquenesdenimez.com.ar | €€)* am Seeufer.

Noch weiter südlich, etwa 380 km von El Calafate aus, kommt man über den Grenzübergang bei Cancha Carrera nach Chile in den wunderbaren Nationalpark **Torres del Paine,** in dem bizarre Bergformationen, Gletscher, Seen und Kaskaden sich zu einem unvergesslichen Landschaftsbild ineinanderfügen. Dort sollten Sie das Auto stehen lassen, um einige der zahlreichen Wanderpfade unter die Füße zu nehmen. Nach diesem Abstecher können Sie das Auto in **El Calafate** abgeben, wo alle größeren Verleihfirmen vertreten sind und von wo Flugverbindungen nach Buenos Aires, Bariloche, Neuquén, Río Gallegos und Ushuaia bestehen.

SPORT & AKTIVITÄTEN

Die Vielfalt der argentinischen Landschaft ermöglicht eine ebensolche Vielfalt an sportlichen Aktivitäten in der Natur.

Vom Reiten, das sich in der Weite der Pampa fast als Lebensstil entwickelte, bis zum Bergsteigen in den Anden oder dem Fischen im Atlantik, in den subtropischen Flüssen des argentinischen Mesopotamien oder in den kalten Seen in Patagonien. Die Monatszeitschrift Tiempo de Aventura bringt interessantes und zuverlässiges Material über sportliche Aktivitäten im ganzen Land.

ANGELN

In den zahlreichen Seen und Flüssen der patagonischen Anden werden Forellen und Lachse geangelt. Zum Beispiel in den **INSIDER TIPP** nordpatagonischen Seen und Flüssen um Aluminé, an deren Ufern die patagonische Araukarie wächst *(Achala Experience | Tel. 03541 15 57 81 20 | www.achalaexperience.com. ar | 350 US$ pro Tag und Person)*. Von November bis Ende April werden fünftägige Exkursionen auf Schlauchbooten den Río Aluminé flussabwärts organisiert sowie Tagesausflüge auf den Seen Rucachoroi, Ñorquinco und Quillén.

Vom Hafen in Mar del Plata legt das Fischerboot *Fortuna (Tel. 0223 154 17 82 01 | Turimar | Centro Comercial del Puerto | 60 Euro inkl. Angelgerät)* zum Lachsfang im Atlantik ab. In Goya in der Provinz Corrientes starten mehrtägige Touren auf den Flussarmen des Paraná, um den kämpferischen *dorado* oder den bis zu

„Ab in die Pampa": Reiter dürfen das ganz wörtlich nehmen, alle anderen bevorzugen Anden und Atlantik für naturnahe Aktivitäten

70 kg schweren *surubí* zu fischen *(Dorado Adventure | Tel. 03777 15 62 13 96 | www. doradoadventure.com.ar)*. In Paraná in der Provinz Entre Ríos ziehen die traditionellen Flussfischer auf ihren schlanken Booten durch die Inselwelt und teilen auf Tagesausflügen *(Baqueanos del Río | Muelle 2 hinter der Tourismus-Infostelle | Puerto Nuevo | Paraná | Tel. 0343 156 11 21 70)* ihre Kenntnisse der Natur mit den Reisenden. Es geht nicht nur ums Angeln, sondern auch um die Geheimnisse des Paranáflusses, die üppige Vegeta-

tion und den Gesang der einheimischen Vögel auf den Inseln. Und in der Mittagspause genießen Sie gegrillten Fisch nach lokaler Zubereitungsart in der Flusseinsamkeit.

BERGSTEIGEN

Neben den bekannten Bergsteigerzielen in Mendoza und Patagonien *(Fitz Roy Expediciones | San Martín 56 | El Chaltén | Tel. 02962 49 31 78 | www.fitzroyexpediciones.com.ar)* bietet Catamarca im Nordwesten eine eigenartige Landschaft, in der alle Farben der Erde aufleuchten. Hier können Sie INSIDER TIPP mehrere Fünf- und Sechstausender erklimmen. Auf diesen Gipfeln üben sich viele Himalajaexpeditionen. Bereits auf der Landstraße von Fiambalá zum Grenzpass Paso de San Francisco kommt man auf 4750 m Höhe. Auskunft und Kontakt: *Alta Catamarca (Sarmiento 569 | Catamarca | Tel. 03833 43 03 33 | www.altacatamarca.com).*

FUSSBALL

In Argentinien wird auf praktisch jedem freien Platz Fußball gespielt. Freunde, aber auch zufällige Passanten treffen sich auf mehr oder weniger improvisierten Plätzen in Parks und Sportclubs, am Strand oder in Sporthallen. Natürlich gehört zum Nationalsport auch der Besuch eines Fußballstadions. Fast alle bedeutenden Teams sind in Buenos Aires ansässig, jedes mit einem eigenen Stadion. Die beiden populärsten sind Boca Juniors, deren Stadion ● *La Bombonera (49 000 Plätze | Brandsen 805 | www.bocajuniors. com.ar)*, „Pralinenschachtel", genannt wird, und River Plate, in dessen Stadion *Monumental (64 000 Plätze | Av. Figueroa Alcorta 7597 | www.cariverplate.com. ar | Tickets über www.ticketek.com)* das Endspiel der Weltmeisterschaft 1978 stattfand. Die besseren Eintrittskarten (ratsam, da abseits von den *barrabravas*, den lokalen Hooligans) kosten 50–200 Pesos. Im Boca-Stadion werden auch geführte Touren einschließlich Spielbesuch organisiert, mit Transfer vom Hotel – allerdings zu stolzen Preisen *(150–500 US$ | www.bocaexperience.com).*

LAUFEN

Anfang Oktober findet der Marathon von Buenos Aires statt *(Tel. 011 47 79 06 15 |* www.maratondebuenosaires.com | Information in Deutschland: Reallatino Tours | Tel. 0341 6 04 49 55 | www.reallatinotours.com),* aber fast jedes Wochenende (mit Ausnahme der heißesten Sommermonate Januar/Februar) werden auf den Straßen verschiedener Städte Laufwettbewerbe veranstaltet, die zumeist auch für Freizeitläufer offenstehen. In Berglandschaften wie in Mendoza und La Rioja werden Geländeläufe in verschiedenen Etappen organisiert, die Geschicklichkeit im Cross-Country-Laufen, im Mountainbiken, Reiten, Rafting und Trekking erfordern. Auskunt und Kontakt: *Club de Corredores | Av. Monroe 916 | Buenos Aires | Tel. 011 47 80 10 10 | www. clubdecorredores.com*

REITEN

Auf jeder dem Tourismus geöffneten *estancia* und in vielen Touren durch die Berge wird in Argentinien geritten. Sattel und Reitstil der Gauchos auf dem Land sind anders als beim Dressurreiten, das in den zahlreichen Reitclubs in Buenos Aires gelehrt wird *(Club Alemán de Equitación | Dorrego 4045 | Buenos Aires | Tel. 011 47 78 70 60 | www.hipico-cae.com.ar | 10 Euro/Std.).* In der Weite des Flachlands der Pampa wird der direkte Übergang vom Schritt zum Galopp ohne Traben bevorzugt, in einer lockeren Körperhaltung auf dem Sattel, die ein leichtes Abspringen ermöglicht, falls das Pferd stolpert. Und überall im Land werden Ausritte angeboten, von der einfachen Runde ums Dorf bis zur anspruchsvollen Andenüberquerung.

SEGELFLIEGEN & BALLONFAHREN

Die Weite der argentinischen Pampa bietet INSIDER TIPP gute Gelegenheiten zum

Segelfliegen. In vielen kleinen Städten der Provinz Buenos Aires gibt es Fliegerclubs, die Gäste mitnehmen. Vom *Club de Planeadores (Autobahn Panamericana km 87,5 | Tel. 011 15 54 16 33 12 | www.cpz.com.ar | Jungfernflug 250 Pesos)* in Zárate starten die Ballons und die Segelflugzeuge des deutsch- und englischsprachigen Teams um den ehemaligen Segelflugweltmeister Rolf Hossinger. In Luján 60 km von Buenos Aires werden von März bis November täglich Ballonfahrten über die Pampa angeboten *(Argentina Extrema | Fondo de la Legua 425 | Local 16 | San Isidro | Tel. 011 63 85 05 11 | www.argentinaextrema.com).*

SEGELN

Im Río de la Plata, breit wie ein Meer, aber im Allgemeinen ruhig wie ein See, sind am Wochenende große Scharen von Segelbooten unterwegs. Der lehmige, nur wenige Meter tiefe Grund erschwert aber die Navigation außerhalb der ausgebaggerten Kanäle. Auskunft und Kontakt: *Club Náutico San Isidro | Av. Mitre 1999 | San Isidro | Tel. 011 47 32 06 00 | www.cnsi.org.ar; Club Náutico Olivos | Puerto de Olivos | Tel. 011 47 99 87 88 | www.nauticoolivos.com.ar; Yacht Club Argentino | Viamonte/Río de la Plata | Dársena Norte | Buenos Aires | www.yca.org.ar; Federación Argentina de Yachting | www.fay.org*

TAUCHEN

Die Gewässer des Atlantischen Ozeans vor Puerto Madryn und um die Halbinsel Valdés gelten als das **INSIDER TIPP** **beste Tauchrevier der argentinischen Küste,** geeignet sowohl für Experten als auch für unerfahrene Taucher. Zahlreiche Fische, manchmal auch Wale und Seelöwen, drei Schiffswracks und Algenwälder in Tiefen zwischen 4 und 30 m kennzeichnen die submarine Landschaft. Auskunft und Kontakt: *Scuba Duba | Boulevard Almirante Brown 893 | Puerto Madryn | Tel. 0296 545 26 99 | www.scubaduba.com.ar*

Atlantik und Río de la Plata bieten Seglern Platz und Herausforderungen

MIT KINDERN UNTERWEGS

Argentinier sind im Allgemeinen ausgesprochen kinderfreundlich. Kinder werden auf der Straße, in Geschäften oder in Bussen und Bahnen oft von unbekannten Erwachsenen mit Sympathie angesprochen. Mitteleuropäische Kinder schrecken manchmal zurück, wenn sie nach ihren Maßstäben zu vertraulich begrüßt, geküsst oder betätschelt werden. Es ist einfach, auf dem Spielplatz mit anderen Kindern eine spontane Freundschaft anzuknüpfen – für die Jungs ist das Fußballspiel auf jedem freien Platz der Anfang fast aller Beziehungen.

Kinder nehmen auch überall im Land am Leben teil, im Restaurant, auch bis spätabends, beim Einkaufen, in Ferienzentren und bei der Freizeitgestaltung. Aber auch bei der in jüngster Zeit um sich greifenden Armut stehen leider die Kinder im Vordergrund: An vielen Straßenkreuzungen bitten sie um eine Münze, verkaufen Kleinigkeiten in der U-Bahn oder jonglieren den ganzen Tag mit ein paar Bällen vor den Autos, die an einer roten Ampel warten.

Auf Reisen nach und in Argentinien gibt es kaum Hindernisse für Kinder. In Buenos Aires kommt ein großes kulturelles Angebot hinzu. Die Museen veranstalten manchmal Sonderausstellungen für Kinder. Die Theatergruppen La Arena (www.circoarena.com.ar), La Galera Encantada (www.lagaleraencantada.com.ar) und Compañía Clun (www.clun.com.ar) bringen in Buenos Aires Inszenierungen auf die Bühne, die sich mit Akrobatik und Komik gelungen über sprachlichen Barrieren hinwegsetzen. Nur in einigen Hotels, die ihren Gästen besondere Ruhe bieten wollen oder von ihrem Bau oder Umfeld her Risiken für Kleinkinder darstellen, wird ein Mindestalter zum Logieren festgelegt.

BUENOS AIRES

BIBLIOTECA LA NUBE (0) (🛒 0)

Die große Kinderbibliothek veranstaltet auch zahlreiche Aktivitäten, am Wochenende z. B. Puppen- und Kindertheater. *Mo–Fr 10–13 und 15–19 Uhr | Jorge Newbery 3537 | Tel. 011 45 52 40 80 | www.la nube.org.ar*

INSIDER TIPP ▸ MUSEO DE LOS NIÑOS
(U B4) (🛒 b4)

Im „Museum der Kinder" im Shoppingzentrum Abasto dürfen die Kinder allerlei Berufe ausüben. *Di–So 13–20 Uhr | Eintritt 20 Pesos, Kinder 50 Pesos | Corrientes/Agüero | www.museoabasto.org.ar*

Ein großes Land für Kleine: Im kinderfreundlichen Argentinien sind Kinder im Alltag wie selbstverständlich überall dabei

MUSEO PARTICIPATIVO DE CIENCIAS
(U D2) *(m d2)*

Im Centro Cultural Recoleta erklären Experimente die physikalischen Phänomene der Natur auf erlebnisreiche Weise. *Mitte März–Mitte Dez. Di–Fr 10–17, Sa/So 15.30–19.30, Mitte Dez.–Mitte März Di–So 15.30–19.30 Uhr | Eintritt 20 Pesos | Junín 1930 | www.mpc.org.ar*

TEATRO SAN MARTÍN (U D4) *(m d4)*

Das Theater besitzt ein festes Puppenspielerensemble, das erstklassige Inszenierungen bietet. *Corrientes 1530 | Tel. 011 43 71 01 11 | www.teatrosanmartin.com.ar*

DIE OSTKÜSTE

MUSEO DEL MAR IN MAR DEL PLATA
(129 E6) *(m E8)*

30 000 Muscheln und Meer- und Süßwasserfische in großen Aquarien. *Mitte Dez.–Mitte März tgl. 9.30–24, sonst 10–20 Uhr | Eintritt 30 Pesos, Kinder 20 Pesos | Av. Colón 1114 | www.museodelmar.com*

DAS ZWEISTROMLAND

ISLA DE LOS INVENTOS IN ROSARIO
(138 B2) *(m D7)*

In einer ehemaligen Bahnhofshalle erleben Kinder spielend die Herstellungsprozesse zahlreicher Industrieprodukte, die Dynamik des Bahnverkehrs und einige Gesetze der Physik. *Fr–So 17–21 Uhr | Eintritt 3 Pesos | Corrientes/Wheelwright*

PATAGONIEN

MUSEO PALEONTOLÓGICO EGIDIO FERUGLIO IN TRELEW
(131 D2) *(m C10)*

Didaktisch hervorragend gemachte Ausstellung nicht nur für Dinosaurierfreunde – hier können Sie die letzten 300 Mio. Jahre der patagonischen Erdgeschichte in übersichtlichen Szenen mit einzigartigen Exponaten nachvollziehen. *Sept.–März tgl. 9–19, April–Aug. Mo–Fr 10–18, Sa/So 10–19 Uhr | Eintritt 35 Pesos, Kinder 25 Pesos | Av. Fontana 140 | www.mef.org.ar*

EVENTS, FESTE & MEHR

OFFIZIELLE FEIERTAGE

1. Jan., Rosenmontag, Fastnachtsdienstag, 24. März *(Gedenktag für die Opfer der Diktatur),* **Karfreitag, 2. April** *(Tag der Falklandinseln),* **1. Mai, 25. Mai** *(Erste Nationalregierung 1810),* **20. Juni** *(Día de la Bandera,* Todestag von General Manuel Belgrano), **9. Juli** *(Unabhängigkeitstag),* **17. Aug.** *(Todestag von General José de San Martín),* **12. Okt.** *(Día de la Raza,* Entdeckung Amerikas), **20. Nov.** *(Tag der nationalen Staatshoheit),* **8. Dez.** *(Mariä Empfängnis),* **25. Dez.** Einige Feiertage werden auf den nächstgelegenen Montag verlegt oder es werden Brückenfeiertage festgesetzt, um den Wochenendtourismus zu fördern.

LOKALE FESTE & VERANSTALTUNGEN

JANUAR

Der Chamamétanz, in dem Traditionen der Guaraníindianer und europäische Einflüsse zusammenfließen, hat sein ▶ *Festival* in Corrientes in der zweiten Januarwoche.

Indianisch geht es auf der ▶ *Feria Artesanal de los Valles Calchaquíes* in San Carlos bei Salta Mitte des Monats zu: Es gibt handgewebte Stoffe, Ponchos und viel Musik.

In Cosquín (Córdoba) findet während der zweiten Monatshälfte das wichtigste Folklorefestival des Landes mit renommierten Künstlern statt, die ▶ *Fiesta Nacional del Folklore.* www.aquicosquin.org

FEBRUAR

In Salta und Jujuy feiert man ▶ *Karneval* mit bunten Masken und rituellen Tänzen. Auch in Corrientes wird ausgiebig ▶ *Karneval* gefeiert.

Die Modewelt kommt Ende Februar zur ▶ *Fashion Week* nach Buenos Aires. www.bafweek.com

MÄRZ

Zu Monatsanfang feiert Mendoza die ▶ *Fiesta Nacional de la Vendimia,* das Fest der Weinlese. www.vendimia.mendoza.gov.ar

In El Chaltén zu Füßen des Fitz-Roy-Massivs findet Anfang März ein Wandererfestival statt, die ▶ *Fiesta Nacional del Trekking.*

OSTERN

In Cachi und vielerorts in der Region Jujuy indianisch beeinflusste ▶ *Osterfeierlichkeiten.*

Folklore, Film und Tangofieber: In den Volksfesten vermischen sich die Kulturen und Religionen Argentiniens

In Mendoza beim ▶ *Festival por los Caminos del Vino* Konzerte in Weinkellern und Kirchen. *www.caminosdelvino.com*

APRIL
Über 4000 Gauchos ziehen in einer ▶ *Prozession zu Pferd* am ersten Wochenende von San Juan über Caucete bis zum Wallfahrtsort der Difunta Correa.

Beim ▶ *Festival Internacional de Ushuaia* spielen renommierte Musiker aus aller Welt. *www.festivaldeushuaia.com*

In Buenos Aires Mitte April das ▶ *Festival Internacional de Cine Independiente.* *www.bafici.gov.ar*

JULI
Beim ▶ INSIDER TIPP *Concurso de la Empanada Salteña* in Salta werden an zahlreichen Ständen vielerlei *empanadas* angeboten.

AUGUST
Die ▶ *Pachamama* wird in vielen Orten im Nordwesten am 1. Aug. gefeiert.

In der zweiten Augusthälfte findet in Buenos Aires das ▶ *Tango Festival y Mundial* statt, mit Konzerten, freien Tanzstunden und Tangowettbewerben überall in der Stadt. *www.tangobuenosaires.gov.ar*

OKTOBER
In ungeraden Jahren kommt das ▶ *Festival Internacional de Teatro* auf die Bühnen von Buenos Aires. *www.festivaldeteatroba.gob.ar*

In der zweiten Woche zeigt die ▶ *Fiesta Nacional de la Orquídea* in Montecarlo (Misiones) unzählige Orchideen. *www.fiestadelaorquidea.com*

NOVEMBER
Zu Monatsanfang öffnen alle Museen in Buenos Aires die Türen bis nach Mitternacht in der ▶ *Noche de los Museos.*

DEZEMBER
In der ersten Monatshälfte findet in Mar del Plata das ▶ *Internationale Filmfestival* statt. *www.mardelplatafilmfest.com*

ICH WAR SCHON DA!

Drei User aus der MARCO POLO Community verraten ihre Lieblingsplätze und ihre schönsten Erlebnisse

HOSTERÍA ACA CACHI

Die Andenstadt Salta erreicht man am besten vom Inlandsflughafen Buenos Aires mit Aerolíneas Argentinas in knapp zwei Stunden. Ich lieh mir einen PKW und fuhr zum historischen Indiodorf Cachi. Ca. 50 km vor Cachi fuhr ich in 3000 m Höhe durch den Nationalpark Los Cardones. Die klare Luft und die bis 12 m hohen Kandelaberkakteen laden zum Verweilen. In Cachi angekommen, genoss ich in der *Hostería Cachi (Av. Automóvil Club Argentino)* des Automóvil Club Argentino ein gepflegtes, von freundlichen Indios serviertes Mittagessen. **mx1 aus Möhlau**

DOPPELGANGER BAR

Wer eine trendige Bar sucht, um seinen Abend in Buenos Aires gemütlich mit wirklich leckeren Cocktails ausklingen zu lassen, ist in der *Doppelganger Bar (Avenida Juan de Garay 500)* in San Telmo genau richtig. Die Auswahl an Cocktails ist sehr umfangreich – hier ist garantiert für jeden Geschmack etwas dabei. Happy Hour ist dienstags bis freitags jeweils von 19 bis 21 Uhr. **Faszination aus Adelsheim**

ÜBERWÄLTIGENDE AUSSICHT

Die bequemste Art, den Gipfel von Saltas Hausberg San Bernardo zu erreichen, ist die achtminütige Fahrt mit der Drahtseilbahn *Complejo Teleférico Salta.* Die Talstation befindet sich im Parque San Martín. Schon die Gondel bietet eine tolle Aussicht auf das Stadtgebiet von Salta. **RiniBini aus Stuttgart**

Haben auch Sie etwas Besonderes erlebt oder einen Lieblingsplatz gefunden, den nicht jeder kennt? Gehen Sie einfach auf www.marcopolo.de/mein-tipp

EIGENE NOTIZEN

LINKS, BLOGS, APPS & MORE

LINKS

▶ www.todotango.com Alles über Tango, mit Veranstaltungskalender und Audiodateien

▶ www.surdelsur.com Ausführliche Infos u. a. zur Geschichte und Landeskunde

▶ www.derechos.org/nizkor/arg Informationen zum Schicksal der Opfer der Militärdiktatur

▶ www.argentinewines.com Alles über argentinischen Wein

▶ www.marcopolo.de/argentinien Alles auf einen Blick zu Ihrem Reiseziel: interaktive Karten inklusive Planungsfunktion, Impressionen aus der Community, aktuelle News und Angebote …

APPS

▶ BA Essential Guide Reiseführer über Buenos Aires, eine App des auf Tourismus im Internet spezialisierten US-amerikanischen Anbieters Sutro Media

▶ Find IT (Encontralo) – Argentina's Travel Guide Über 250 000 POIs, nach Nähe zum gegenwärtigen Standort geordnet

BLOGS & FOREN

▶ pickupthefork.com Allie Lazar kam als Vegetarierin aus Chicago nach Argentinien. Hier verführte sie jedoch das Fleisch vom Grill in den zahlreichen *parrillas*. Heute schreibt sie über ihr Leben als *food lover* in Buenos Aires, mit Infos über Essgewohnheiten und neue Trends, mit Restaurantrezensionen und Rezepten

▶ www.nwnomadtrips.com Die Fotografin Tracy Johnson erzählt in wunderbaren Bildern von ihren Reisen durch Salta, Jujuy, Catamarca und Mendoza

▶ www.kunstinargentinien.com Das Team um die Journalistin Susanne Franz bietet ein aktuelles Panorama über bildende Kunst, Musik, Theater, Film, Mode & Design und Literatur

Egal, ob Sie sich auf Ihre Reise vorbereiten oder vor Ort sind: Mit diesen Adressen finden Sie noch mehr Informationen, Videos und Netzwerke, die Ihren Urlaub bereichern. Da manche Adressen extrem lang sind, führt Sie der kürzere mp.marcopolo.de-Code direkt auf die beschriebenen Websites

BLOGS & FOREN

▶ www.argentinaindependent.com The Argentine Independent Newsletter, kurz The Indy genannt, wurde von der britischen Journalistin Kristie Robinson gegründet, um Interessierten einen Blick auf das von den tonangebenden Medien ignorierte Argentinien zu ermöglichen

▶ www.saltshaker.net Kulinarisch ausgerichteter Blog eines in Argentinien lebenden US-Amerikaners mit zahlreichen Tipps für Buenos Aires

VIDEOS & PODCASTS

▶ mp.marcopolo.de/arg1 Der Auszug aus der BBC-Serie Explore vermittelt anhand der Erklärungen eines Experten vor Ort und den betörenden Bilder der Eisfelder in Patagonien eine gute Übersicht über die Situation der Gletscher im Klimawandel

▶ mp.marcopolo.de/arg2 Der aktuelle Fußball im Gespräch eines in Buenos Aires ansässigen ehemaligen australischen Spielers mit seinen lokalen Freunden

▶ www.tangotales.com Eine Russin in den USA im Gespräch mit argentinischen Tangomusikern und -tänzern, aber auch mit Schriftstellern und Regisseuren aus aller Welt, die den Tango dokumentieren

NETWORK

▶ www.couchsurfing.org Buenos Aires ist das beliebteste Ziel des Couchsurfings in ganz Lateinamerika, mit über 26 000 Surfern und rund 600 Signups pro Woche in ganz Argentinien, in 30 Untergruppen eingeordnet, von Gastronomie über Film und Kunst bis Salsatanzen.

▶ www.buenosairesstreetart.com Die Straßen von Buenos Aires sind mit ihren vielen halbverlassenen Gebäuden ein Magnet für Graffitimaler aus aller Welt. Die Community von BA Street Art dokumentiert diese vergängliche Kunst, gibt präzise Ortsangaben und ausführliche Informationen über die Künstler

▶ www.pubcrawlba.com Über Facebook werden die Termine abgemacht, um das Nachtleben in den Bars zu erleben. Die Guides sind Argentinier, die gut Englisch sprechen, oder Ausländer, die sich gut in Buenos Aires auskennen. Es geht von der Plaza Armenia von einer Theke zur anderen in Palermo, immer in größeren Gruppen von Touristen und *porteños* und für nicht mehr als 50 Pesos

PRAKTISCHE HINWEISE

ANREISE

Lufthansa fliegt sechsmal wöchentlich nonstop von Frankfurt nach Buenos Aires, Air France-KLM von Paris täglich bzw. von Amsterdam dreimal pro Woche. Aerolíneas Argentinas verkehrt von Madrid nach Buenos Aires. Iberia fliegt mit Stopp in Madrid nach Buenos Aires. Je nach Fluggesellschaft und Saison sollten Sie mit gut 800 bis ca. 1300 Euro rechnen. Die Flugzeit von Frankfurt beträgt 13–20 Stunden.

In Buenos Aires kommen Sie auf dem internationalen Flughafen *Ezeiza* 35 km außerhalb der Stadt an. Der Stadtflughafen *Aeroparque Jorge Newbery* liegt in entgegengesetzter Richtung 6 km nördlich vom Stadtzentrum. Bei Ankunft im

GRÜN & FAIR REISEN

Auf Reisen können auch Sie mit einfachen Mitteln viel bewirken. Behalten Sie nicht nur die CO_2-Bilanz für Hin- und Rückflug im Hinterkopf *(www.atmosfair.de)*, sondern achten und schützen Sie auch nachhaltig Natur und Kultur im Reiseland *(www. gate-tourismus.de; www.zukunft-reisen.de; www.ecotrans.de)*. Gerade als Tourist ist es wichtig, auf Aspekte zu achten wie Naturschutz *(www. nabu.de; www.wwf.de)*, regionale Produkte, Fahrradfahren (statt Autofahren), Wassersparen und vieles mehr. Wenn Sie mehr über ökologischen Tourismus erfahren wollen: europaweit *www.oete.de*; weltweit *www.germanwatch.org*

Flughafen Ezeiza **INSIDER TIPP** nur in der staatlichen Banco Nación Geld tauschen, die privaten Wechselstuben nehmen einen unerhörten Zuschlag! Von Ezeiza in die Innenstadt braucht ein Taxi etwa 35 Minuten. Mit dem privaten Busservice Manuel Tienda León *(www.tiendaleon. com.ar)* oder den Taxiagenturen Vip Cars (in der Ankunftshalle) oder Apta und Yellow (vor der Ankunftshalle) fährt man sicher in die City (ca. 11 bzw. 45 Euro).

AUSKUNFT

Allgemeine Auskünfte und Broschüren erhalten Sie in größeren Reisebüros. Außerdem kann man sich an die *Argentinische Botschaft (Abteilung für Tourismus | Kleiststr. 23–26 | 10787 Berlin | Tel. 030 22 66 89 20 | www.argentinische-botschaft.de)* oder an die *Arbeitsgemeinschaft Lateinamerika (An der Ruhbank 26 | 61138 Niederdorfelden | Tel. 06101 98 77 12 | www.lateinamerika.org)* wenden. Die Website des argentinischen Tourismusministeriums *(www.turismo. gov.ar)* bietet ausführliche allgemeine Information, desgleichen die Website *www.welcomeargentina.com.* Eine gute Suchmaschine ist *www.clarin.com.ar.* Infos zu den Museen in Argentinien finden Sie auf *www.museosargentinos.org.ar,* zu Buenos Aires auf *www.bue.gov.ar.* Alle Provinzen Argentiniens unterhalten außerdem Informationsbüros in Buenos Aires.

AUTO & MIETWAGEN

Mietwagen sind in jeder größeren Stadt zu bekommen, ein internationaler Führerschein ist nicht erforderlich. Es empfiehlt sich, eine Vollkaskoversicherung abzuschließen. Ein Kleinwagen kostet etwa 40 Euro pro Tag inklusive Versicherung und 200 Freikilometern. Eine Buchung in Deutschland ist oft erheblich günstiger.

Die Geschwindigkeitsbegrenzungen – in Ortschaften 40 bzw. 60, auf Landstraßen 80–110, auf Autobahnen bis 130 km/h – werden streng kontrolliert. Die Promillegrenze liegt bei 0,5. Das Mitführen von Warndreieck und Feuerlöscher ist Pflicht – bei Mietwagen kontrollieren! Da die Vorfahrtsregeln oft nicht eingehalten werden, unbedingt Blickkontakt zu den anderen Verkehrsteilnehmern herstellen! Wer sich traut, fährt zuerst.

Tankstellen sind während der ganzen Woche von 7 bis 23 Uhr geöffnet, in größeren Städten und auf Autobahnen auch rund um die Uhr. Keine Selbstbedienung! In Patagonien und Feuerland wird das Benzin von der Regierung subventioniert und kostet rund 30 Prozent weniger als im Rest des Landes.

Beim argentinischen Automobilclub *ACA – Automóvil Club Argentino (Buenos Aires | Av. del Libertador 1850 | Tel. 011 48 08 40 40 | www.aca.org.ar)* kann man zuverlässige Straßenkarten erwerben und auch als Tourist Mitglied werden. Neben der international üblichen technischen Hilfeleistung des Clubs können Sie so auch den Preisnachlass für Mitglieder in zahlreichen Hotels des Landes in Anspruch nehmen.

BANKEN & GELD

Die argentinische Währung ist der Peso. Da Peso und Dollar gleich abgekürzt werden ($), sollten Sie stets prüfen, um welche Währung es sich handelt; allgemein

wird aber in Pesos gehandelt. Es empfiehlt sich, erst in Argentinien Geld (am praktischsten: Dollar) zu wechseln. Im Süden des Landes ist das Preisniveau höher als in Buenos Aires.

Die Öffnungszeiten der Banken sind unterschiedlich, in Buenos Aires Mo–Fr 10–15 Uhr. Bei den zahlreichen Geldautomaten kann man zwar mit ec-Karten Pesos ziehen, aber zumeist nur für einen Gegenwert von rund 100 Euro und mit

WÄHRUNGSRECHNER

€	ARS	ARS	€
1	5,81	10	1,72
2	11,62	20	3,43
3	17,43	30	5,15
4	23,24	40	6,87
5	29,05	50	8,58
6	34,86	60	10,30
7	40,67	70	12,02
8	46,48	80	13,73
9	52,29	90	15,45

hoher Provision. Bei den **INSIDER TIPP** Automaten der Citibank kann man dagegen bis 2000 Pesos ziehen (bei höheren Beträgen können die vielen Scheine stecken bleiben). Probleme ergeben sich öfters beim Einlösen von Reiseschecks. Mit den gängigen Kreditkarten können Sie dagegen in vielen Restaurants, Hotels und Geschäften bezahlen und sich Bargeld von der Bank auszahlen lassen. Ein großes Problem ist die starke Inflation. Wo in diesem Band Preise in argentinischer Währung angegeben sind, müssen Sie mit einem z. T. deutlichen Anstieg rechnen.

CAMPING

Die schönsten Campingplätze findet man fast immer in den Nationalparks, jedoch verfügen sie nur zum Teil über Dusch- und Kochgelegenheiten. Außerhalb der Städte ist in Argentinien auch wildes Zelten erlaubt. *www.voydecamping.com.ar, www.acampemos.com*

DIPLOMATISCHE VERTRETUNGEN

DEUTSCHE BOTSCHAFT

Villanueva 1055 | Buenos Aires | Tel. 011 47 78 25 00 | www.buenos-aires.diplo.de

ÖSTERREICHISCHE BOTSCHAFT

French 3671 | Buenos Aires | Tel. 011 48 09 58 00 | www.bmeia.gv.at/es/embajada/buenos-aires.html

SCHWEIZER BOTSCHAFT

Av. Santa Fe 846 | 12. Stock | Buenos Aires | Tel. 011 43 11 64 91 | www.eda.admin.ch/buenosaires

EIN- & AUSREISE

Deutsche, Schweizer und Österreicher benötigen einen Reisepass, aber kein Visum, wenn die Aufenthaltsdauer 90 Tage nicht überschreitet. Man kann die Aufenthaltsdauer einmal um weitere 90 Tage verlängern. Die Flughafensteuer von 29 US-Dollar, die bei der Ausreise fällig ist, ist in der Regel bereits im Preis für das Flugticket enthalten.

FOTOGRAFIEREN & FILMEN

In kleineren Orten sucht man meist vergebens nach Fotozubehör wie Speicherkarten und Ähnlichem. Decken Sie sich daher vor der Reise oder in Buenos Aires mit genügend Material ein!

GESUNDHEIT

Es sind keine besonderen Impfungen vorgeschrieben. Eine Gelbsuchtimpfung ist jedoch empfehlenswert, wenn Sie länger durch Chaco und Formosa reisen. Es gibt auch einzelne Fälle von Cholera in Jujuy und Salta. Ungewaschene Früchte sollten Sie nicht essen. Leitungswasser kann in den Städten ohne Bedenken getrunken werden, denn es enthält Chlor. Auf Campingplätzen das Wasser unbedingt vor Gebrauch abkochen oder Mineralwasser kaufen. Die Behandlung in öffentlichen Hospitälern ist frei, aber in privaten Praxen und Kliniken werden Besucher grundsätzlich als Privatpatienten behandelt, daher ist der Abschluss einer privaten Reisekrankenversicherung unerlässlich.

INLANDSFLÜGE

In einem Land, das rund achtmal so groß ist wie Deutschland, ist das Flugzeug das geeignetste Mittel, um im Land voranzukommen. Leider gibt es wenig Querverbindungen, das Flugnetz von Aerolíneas Argentinas/Austral *(www.aerolineas.com.ar)* und LAN *(www.lan.com)* verbindet vor allem die Hauptstadt mit den Provinzhauptstädten und Tourismuszentren. Erst 2011 begann Aerolíneas Argentinas ein Netz regionaler Flüge aufzubauen, das vorerst San Carlos de Bariloche, Mendoza, Córdoba, Salta und Puerto Iguazú untereinander verbindet. Andes *(www.andesonline.com)* verbindet Jujuy, Salta und Córdoba untereinander, und Sol *(www.sol.com.ar)* verbindet Rosario, Córdoba, Mendoza und Tucumán einerseits und die Atlantikküste (Mar del Plata, Bahía Blanca, Trelew, Comodoro Rivadavia) andererseits untereinander. Die staatliche LADE verbindet Buenos Aires mit patagonischen Flughäfen. Die privaten Fluglinien (ausgenommen Sol) nehmen für ausländische Reisende höhere Preise, wenn aber Argentinien ● INSIDER TIPP mit derselben Fluglinie angeflogen wird, gilt für Inlandsflüge die lokale Preistabelle.

INTERNETZUGANG & WLAN

Die Gebühren betragen in Buenos Aires ab 0,50 Euro pro Stunde, im Landesinneren ist es etwas teurer. In fast jeder Telefonkabine *(locutorio)* gibt es auch Internetanschluss. Internetcafés mit allen Dienstleistungen und angenehmem Milieu sind seltener.

In Buenos Aires gibt es mehrere WLAN-Zonen *(wi-fi)*, u. a. in den Flughäfen, im Goethe-Institut *(Corrientes 319)*, in den Fußballstadien von Boca Juniors und River Plate, in den Lokalen von Café Martínez, Café Aroma, The Coffee Store und McDonald's, in den Cinemark-Kinosälen, mehreren Restaurants und auf der Fußgängerstraße Florida auf der Höhe 100–700 sowie auf den Straßen Carlos Pellegrini 400 und Corrientes 900 (um den Obelisken). Auch in den U-Bahn-Stationen und auf 25 öffentlichen Plätzen der Hauptstadt gibt es freien Internetzugang (u. a. Plaza Houssay und Plaza Vicente López in Recoleta, Plaza Dorrego und Parque Lezama in San Telmo, Plaza Cortázar, Plaza Palermo Viejo und im Botanischen Garten in Palermo, Plaza Lavalle am Justizpalast und Plaza Congreso vor dem Kongressgebäude). Die Petrobras- und YPF-Tankstellen bieten ebenfalls WLAN an. Eine Liste von Hotspots, nach Stadtteil geordnet, finden Sie auf *www. airportnewsezeiza.com/paginas/informacion/Wi-Fi.html.* Aus Sicherheitsgründen sollte man etwas umsichtig sein, wo man sich im Freien mit einem Laptop hinsetzt, und auch das I-Phone sollten Sie auf der Straße nicht zu locker in der Hand halten. Auch in anderen Städten nehmen WLAN-

Zonen zu. In Mar del Plata, Pinamar, Villa Gesell, San Clemente del Tuyú und anderen Ferienorten der Ostküste steht auch an den größeren Stränden drahtloser Internetzugang frei zur Verfügung. Die Provinz San Luis bietet auf ihrem gesamten Gebiet freien Internetzugang.

WAS KOSTET WIE VIEL?

Kaffee	1,50–2 Euro *für eine Tasse*
Imbiss	1 Euro *für eine empanada*
Wein	2 Euro *für ein Glas (0,2 l)*
Inlandsflug	350 Euro *für den Flug Buenos Aires–Puerto Iguazú und zurück*
Lederstiefel	100–150 Euro *für ein Paar Frauenstiefel*
Bus	6 Euro *für 100 km Überlandfahrt*

MEDIEN

Die führenden Zeitungen in Argentinien sind Clarín *(www.clarin.com),* die auflagenstärkste spanischsprachige Zeitung, und die konservativere La Nación *(www. lanacion.com.ar).* Beide stehen der Kirchner-Regierung kritisch gegenüber. Die linksgerichtete Página 12 *(www.pagina12. com.ar)* und Tiempo Argentino *(tiempo. infonews.com)* stehen dagegen der Regierung nahe. The Buenos Aires Herald *(www.buenosairesherald.com)* informiert auf Englisch, und samstags erscheint das deutschsprachige Argentinische Tageblatt *(www.tageblatt.com.ar).* TN *(tn. com,* von der Gruppe Clarín) und C5N (*c5n.infobae.com*) sind Nachrichtensender im Kabelfernsehen.

Allgemeiner Notruf Tel. *911*. Gleichzeitig gilt aber auch noch Tel. *101* für die Polizei, Tel. *107* für den Notarzt und Tel. *100* für die Feuerwehr.

ÖFFENTLICHE VERKEHRSMITTEL

Argentinien verfügt über ein ausgezeichnetes Busnetz. Für eine Strecke von etwa 300 km zahlt man ca. 20 Euro. Von Buenos Aires nach Mendoza (1000 km) zahlen Sie um 65 Euro, nach Puerto Iguazú (1300 km) 100 Euro und nach San Carlos de Bariloche (1600 km) 120 Euro. Die argentinische Eisenbahn hat einen großen Teil des einst dichten Streckennetzes aufgegeben.

ÖFFNUNGSZEITEN

Restaurants öffnen mittags meistens von 12.30 bis 16 Uhr und abends ungefähr von 20 bis 1 Uhr. Geschäfte sind meist von 10 bis 12.30 und von 16 bis 20 oder 21 Uhr geöffnet. In Buenos Aires bleiben die meisten Geschäfte über Mittag geöffnet, schließen dafür aber bereits gegen 19 Uhr. Supermärkte und Shoppingcenter sind jedoch meist bis 22 Uhr geöffnet. Generell schwanken die Öffnungszeiten

WETTER IN BUENOS AIRES

	Jan.	Feb.	März	April	Mai	Juni	Juli	Aug.	Sept.	Okt.	Nov.	Dez.
Tagestemperaturen in °C	30	29	26	22	18	14	14	16	18	21	25	28
Nachttemperaturen in °C	17	17	16	12	9	5	6	6	8	10	14	16
Sonnenschein Stunden/Tag	10	9	8	7	6	5	5	6	6	7	9	9
Niederschlag Tage/Monat	5	5	6	6	4	4	5	6	5	7	7	7
Wassertemperaturen in °C	22	22	21	19	17	14	12	12	12	14	17	20

je nach Provinz zum Teil beträchtlich, da es keine allgemeine gesetzliche Regelung gibt.

POST

Postämter sind meist montags bis freitags von 10 bis 18, samstags von 10 bis 13 Uhr geöffnet. Das Porto für eine Karte oder einen Brief bis 20 g nach Europa lag bei Redaktionsschluss bei 9,50 Pesos. *www.correoargentino.com.ar*

REISEZEIT

Die beste Reisezeit sind die südamerikanischen Sommermonate Oktober bis März. In der Nebensaison sind viele Hotels und Restaurants in den touristischen Zentren geschlossen. Aber auch der Winter hat seine Reize mit interessanten Angeboten für Wintersport in den Bergen und einem vielfältigen Kulturangebot in Buenos Aires.

SPRACHE

Das argentinische Spanisch weist leichte Abweichungen in Grammatik, Aussprache und Wortschatz zum europäischen Spanisch auf. Die meisten Argentinier sprechen nur wenig Englisch oder gar keine Fremdsprache.

STROM

Die Netzspannung beträgt 220 Volt. Mitgebrachte Elektrogeräte brauchen teilweise einen Adapter.

TAXI

Taxifahren ist relativ billig. Am günstigsten ist es in Buenos Aires. Am sichersten sind Funktaxis *(radiotaxís)*, die Sie auch per Telefon bestellen können.

TELEFON & HANDY

Ein Telefongespräch nach Europa kostet pro Minute ca. 0,40 Euro. In Buenos Aires operieren zwei Telefonunternehmen mit unterschiedlichen Telefonkarten, die aber in allen Telefonzellen verwendbar sind. Lokale Handys kann man bei verschiedenen Firmen in Buenos Aires mieten und so Roaminggebühren sparen. Vorwahlen: Argentinien *0054*, Deutschland *0049*, Schweiz *0041*, Österreich *0043*. Alle Handynummern beginnen in Argentinien mit 15, wählt man sie aber vom Ausland an, muss man zwischen Landesvorwahl (0054) und Stadtvorwahl (die Handys sind an lokale Netze gebunden, für Buenos Aires z. B. 11) eine 9 wählen und die 15 weglassen.

TRINKGELD

Trinkgeld ist vor allem in Restaurants üblich; Richtwert: fünf bis zehn Prozent. Auch Taxifahrer, Fremdenführer, Hotelpersonal und Friseure freuen sich über ein Trinkgeld.

ZEIT

Die mitteleuropäische Zeit ist der Argentiniens im europäischen Winter um vier, während der Sommerzeit um fünf Stunden voraus.

ZOLL

Die Einfuhr von Pflanzen und frischen Lebensmitteln ist verboten. Bei der Einreise sind Waren bis zu einem Wert von 300 US$ frei sowie zusätzlich Einkäufe im lokalen Duty-free-Shop ebenfalls bis 300 US$. Bei Rückkehr in die EU sind u. a. 1 l Spirituosen, 200 Zigaretten und sonstige Waren bis zu einem Wert von 430 Euro vom Zoll befreit.

SPRACHFÜHRER ARGENTINISCH

AUSSPRACHE

c	vor „e, i" stimmloses „s" wie in „City"
ch	stimmloses deutsches „tsch" wie in „tschüss"
g	vor „e, i" wie deutsches „ch" in „Bach"
gue, gui/que, qui	das „u" ist immer stumm, wie deutsches „g"/„k"
j	immer wie deutsches „ch" in „Echo"
ll, y	stimmhaft, wie „g" in „Ingenieur" oder „j" in Journal
ñ	wie „gn" in „Champagner"

AUF EINEN BLICK

ja/nein/vielleicht	sí/no/tal vez
bitte/danke	por favor/gracias
Entschuldige!/Entschuldigen Sie!	¡Perdón!/¡Perdone!
Wie bitte?	¿Cómo?
Darf ich ...?	¿Puedo ... ?
Ich möchte .../Haben Sie ...?	Quiero .../¿Tiene ... ?
Wie viel kostet ...?	¿Cuánto cuesta ... ?
Das gefällt mir (nicht).	Esto (no) me gusta.
gut/schlecht/kaputt/funktioniert nicht	bien/mal/roto/no funciona
zu viel/viel/wenig/alles/nichts	demasiado/mucho/poco/todo/nada
Hilfe!/Achtung!/Vorsicht!	¡Ayuda!/¡Atención!/¡Cuidado!
Krankenwagen/Polizei/Feuerwehr	ambulancia/policía/bomberos
Verbot/verboten/Gefahr/gefährlich	prohibición/prohibido/peligro/peligroso

BEGRÜSSUNG & ABSCHIED

Gute(n) Morgen!/Tag!/Abend!/Nacht!	¡Buen día!/¡Buen día!/¡Buenas tardes!/¡Buenas noches!
Hallo!/Auf Wiedersehen!/Tschüss!	¡Hola!/¡Adiós!/¡Chau!
Ich heiße ...	Me llamo ...
Wie heißen Sie?/Wie heißt du?	¿Cómo se llama?/¿Cómo te llamás?
Ich komme aus ...	Vengo de ...

DATUMS- & ZEITANGABEN

Montag/Dienstag/Mittwoch	lunes/martes/miércoles
Donnerstag/Freitag/Samstag	jueves/viernes/sábado

¿HABLÁS CASTELLANO?

„Sprichst du Argentinisch?" Dieser Sprachführer hilft Ihnen, die wichtigsten Wörter und Sätze auf Argentinisch zu sagen

Sonntag/Werktag/Feiertag	domingo/día laborable/feriado
heute/morgen/gestern	hoy/mañana/ayer
Stunde/Minute/Tag/Nacht	hora/minuto/día/noche
Woche/Monat/Jahr	semana/mes/año
Wie viel Uhr ist es?	¿Qué hora es?
Es ist drei Uhr./Es ist halb vier.	Son las tres./Son las tres y media.
Viertel vor vier/Viertel nach vier	cuatro menos cuarto/cuatro y cuarto

UNTERWEGS

offen/geschlossen	abierto/cerrado
Eingang/Einfahrt	entrada/entrada de autos
Ausgang/Ausfahrt	salida/salida de autos
Abfahrt/Abflug/Ankunft	salida/salida/llegada
Toiletten/Damen/Herren	baños/damas/caballeros
(kein) Trinkwasser	agua (no) potable
Wo ist ...?/Wo sind ...?	¿Dónde está ... ?/¿Dónde están ... ?
links/rechts	(a la) izquierda/(a la) derecha
geradeaus/zurück	derecho/de vuelta
nah/weit	cerca/lejos
Bus/Straßenbahn/U-Bahn/Taxi	ómnibus/tranvía/subte/taxi
Haltestelle/Taxistand	parada/parada de taxis
Parkplatz/Parkhaus	playa de estacionamiento/ estacionamiento cubierto
Stadtplan/(Land-)Karte	plano de la ciudad/mapa
Bahnhof/Hafen/Flughafen	estación de trenes/puerto/aeropuerto
Fahrplan/Fahrschein/Zuschlag	itinerario/boleto/plus
einfach/hin und zurück	ida/ida y vuelta
Zug/Gleis/Bahnsteig	tren/andén/andén
Ich möchte ... mieten.	Quiero ... alquilar.
ein Auto/ein Fahrrad/ein Boot	un auto/una bicicleta/un bote
Tankstelle/Benzin/Diesel	estación de servicio/nafta/gas oil
Panne/Werkstatt	problema mecánico/taller mecánico

ESSEN & TRINKEN

Reservieren Sie uns bitte für heute Abend einenTisch für vier Personen.	Resérvenos por favor una mesa para cuatro personas para esta noche.
auf der Terrasse/am Fenster	en la terraza/junto a la ventana
Die Speisekarte, bitte.	La carta, por favor.
Könnte ich bitte ... haben?	¿Podría tener ... por favor?
Flasche/Karaffe/Glas	botella/jarra/vaso

Messer/Gabel/Löffel	cuchillo/tenedor/cuchara
Salz/Pfeffer/Zucker/Essig/Öl	sal/pimienta/azúcar/vinagre/aceite
Milch/Sahne/Zitrone	leche/crema/limón
kalt/versalzen/nicht gar	frío/demasiado salado/crudo
mit/ohne Eis/Kohlensäure	con/sin hielo/gas
Vegetarier(in)/Allergie	vegetariano (vegetariana)/alergia
Ich möchte zahlen, bitte.	La cuenta, por favor.
Rechnung/Quittung/Trinkgeld	cuenta/factura/propina

EINKAUFEN

Wo finde ich ...?	¿Dónde puedo encontrar ... ?
Ich möchte .../Ich suche ...	Quiero .../Busco ...
Apotheke/Drogerie	farmacia/perfumería
Bäckerei/Markt	panadería/mercado
Einkaufszentrum/Kaufhaus	centro comercial/shopping
Lebensmittelgeschäft/Supermarkt	almacén/supermercado
Fotoartikel/Zeitungsladen	artículos fotográficos/quiosco de diarios
100 Gramm/1 Kilo	cien gramos/un kilo
teuer/billig/Preis/mehr/weniger	caro/barato/precio/más/menos
aus biologischem Anbau	de cultivo orgánico

ÜBERNACHTEN

Ich habe ein Zimmer reserviert.	Reservé una habitación.
Haben Sie noch ...?	¿Tiene aún ... ?
Einzelzimmer/Doppelzimmer	habitación simple/habitación doble
Frühstück/Halbpension/Vollpension	desayuno/media pensión/pensión completa
nach vorne/zum Meer/zum See	al frente/al mar/al lago
Dusche/Bad/Balkon/Terrasse	ducha/baño/balcón/terraza
Schlüssel/Zimmerkarte	llave/tarjeta de la habitación
Gepäck/Koffer/Tasche	equipaje/valija/cartera

BANKEN & GELD

Bank/Geldautomat/Geheimzahl	banco/cajero automático/clave secreta
Ich möchte ... Euro wechseln.	Quiero ... cambiar euros.
bar/Kreditkarte	efectivo/tarjeta de crédito
Banknote/Münze/Wechselgeld	billete/moneda/cambio

GESUNDHEIT

Arzt/Zahnarzt/Kinderarzt	médico/dentista/pediatra
Krankenhaus/Notfallpraxis	hospital/guardia de urgencias
Fieber/Schmerzen/entzündet/verletzt	fiebre/dolores/infectado/herido

Durchfall/Übelkeit/Sonnenbrand	diarrea/náuseas/insolación
Pflaster/Verband/Salbe/Creme	curita/venda/crema/crema
Schmerzmittel/Tablette/Zäpfchen	analgésico/píldora/supositorio

TELEKOMMUNIKATION & MEDIEN

Briefmarke/Brief/Postkarte	estampilla/carta/tarjeta postal
Ich brauche eine Telefonkarte fürs Festnetz.	Necesito una tarjeta telefónica para red fija.
Ich suche eine Prepaidkarte für mein Handy.	Quiero una tarjeta prepaga para mi celular.
Wo finde ich einen Internetzugang?	¿Dónde encuentro un acceso a internet?
wählen/Verbindung/besetzt	marcar/conexión/ocupado
Steckdose/Adapter/Ladegerät	toma eléctrica/adaptador/cargador
Computer/Batterie/Akku	computadora/pila/batería
At-Zeichen/E-Mail-Adresse	arroba/dirección de correo electrónico
Internetanschluss/WLAN	conexión a Internet/WiFi
E-Mail/Datei/ausdrucken	correo electrónico/archivo/imprimir

FREIZEIT, SPORT & STRAND

Strand/Strandbad	playa/balneario
Sonnenschirm/Liegestuhl	sombrilla/reposera
Ebbe/Flut/Strömung	marea baja/marea alta/corriente marina
(Schutz-)Hütte/Lawine	refugio/avalancha (de nieve)

ZAHLEN

0	cero	18	dieciocho
1	uno	19	diecinueve
2	dos	20	veinte
3	tres	21	veintiuno
4	cuatro	30	treinta
5	cinco	40	cuarenta
6	seis	50	cincuenta
7	siete	60	sesenta
8	ocho	70	setenta
9	nueve	80	ochenta
10	diez	90	noventa
11	once	100	cien
12	doce	200	doscientos
13	trece	1000	mil
14	catorce	2000	dos mil
15	quince	10000	diez mil
16	dieciséis	½	medio
17	diecisiete	¼	un cuarto

REISEATLAS

Die grüne Linie ▬▬▬ zeichnet den Verlauf der Ausflüge & Touren nach
Die blaue Linie ▬▬▬ zeichnet den Verlauf der Perfekten Route nach

Der Gesamtverlauf aller Touren ist auch in
der herausnehmbaren Faltkarte eingetragen

Bild: bei Cachi in der Provinz Salta

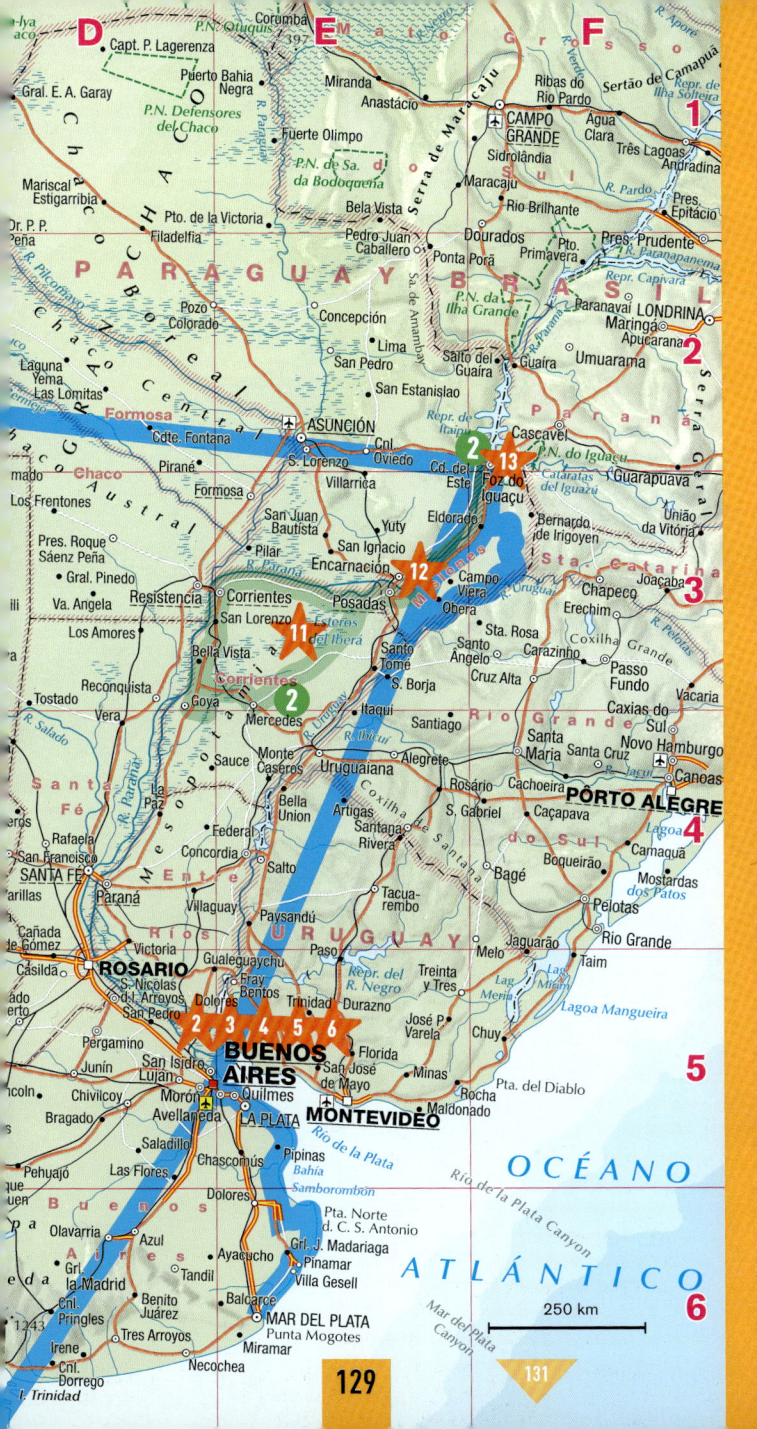

A

B Talca Chillán Vn. Domuyo
huano Concepción 4710 R. Colorado **C**
Pta. Lavapié Chos Malal
Coronel Los Ángeles Neuquén
Lebu
Tiraiguén Victoria
Isla Mocha Nueva Añelo
Imperial Curacautín Neuquén
Temuco Zapala Plaza
Toltén Huincul
Loncoche 3776 R. Limay El Cuy
Vn. Lanín P.N. Lanín Sie
Valdivia Colora
Niebla Riñihue Junín de
La Unión los Andes
Osorno P.N. Nahuel
1314 Huapí S. Carlos Igr. Jacobacci Mac
Tronador 3554 de Bariloche Sra. Añueque 1535
Puerto Montt Norquinco Gastre
Pargua 2600
Ancud Golfo Leleque
P.N. Chiloé de
Isla de Ancud Esquel
Chiloé 2470
Vn. Tecka
Quellón Corcovado
2300 Golfo José d.
2652 I. Guafo Corcovado S. Martín Paso
P.N. Archipiélago P.N. Chubu
de las Guaitecas Queulat La
Magdal. Pto.
Archipiélago I. Cisnes
I. Guamblin Magdalena
de los 2960 Alto Río
I. Melchor Senguer
Chonos Pto. Aisén Sarmient
Pen. de Taitao Coihaique R. Mayo
1372 L. Gral. Perito Las Hera
Carrera Moreno
4058 L. B. Aires R. Deseado
Co. S. Valentín 1335
3432 C. Tres Montes P.N. Laguna Co. Cojudo Blanc
Golfo S. Rafael 3700 Santa
de Peñas Co. S. Lorenzo
I. Byron Cochrane Gran Altiplanicie
Central
I. Campana Martín 1120
I. P. Lynch Co. Pirámide Gdor. Gregores
o Lautaro Cardiel
I. Esmeralda Pto. Edén 3380 Cruz
Isla Wellington Mte. Fitz Roy Chico
Acuerdo L. Viedma Tres Lagos
I. Mornington de 1998
P.N. B. O'Higgins P.N. Los
Glaciares
I. Madre de Dios El Calafate
14 Argentino
I. Duque de York Esperanza
4530 I. Hanover Co. Paine
2670 R. Turbio
I. D. de Almagro R. Gallegos Río
3983 Puerto
I. Contreras Natales Pta. Delgada
1285
Esto. de Magallanes Manantiales
C. Deseado Punta Es
I. Desolación Pen. Arenas Isla
P.N. F. de Magallanes Brunswick Grand
C. Froward Tierra de
I. Sta. Inés Fuego
I. Clarence 2469
P.N. A. de Agostini Ushua
I. Londonderry Pto. W
Is
H

O C É A N O

P A C Í F I C O

1
1238

2

3

4

5

6
250 km
5063

1535
5063

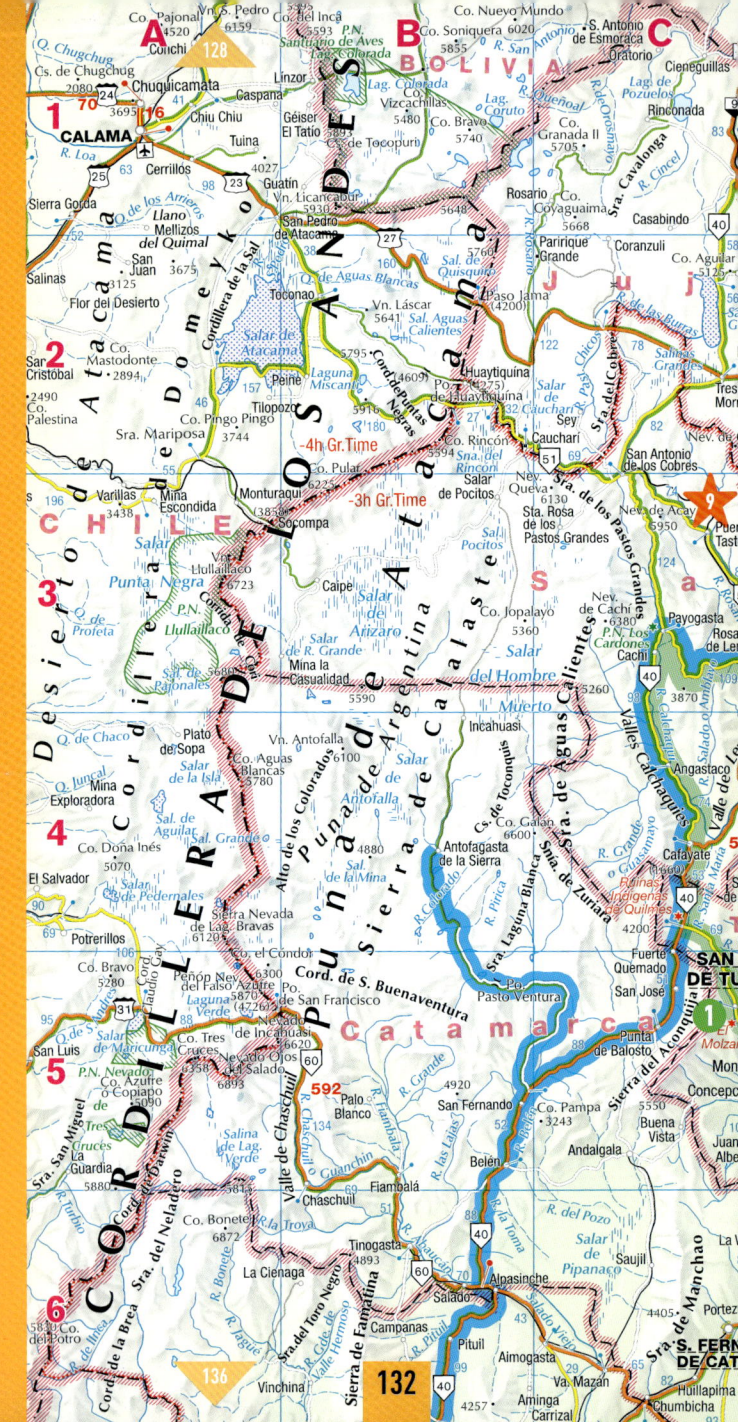

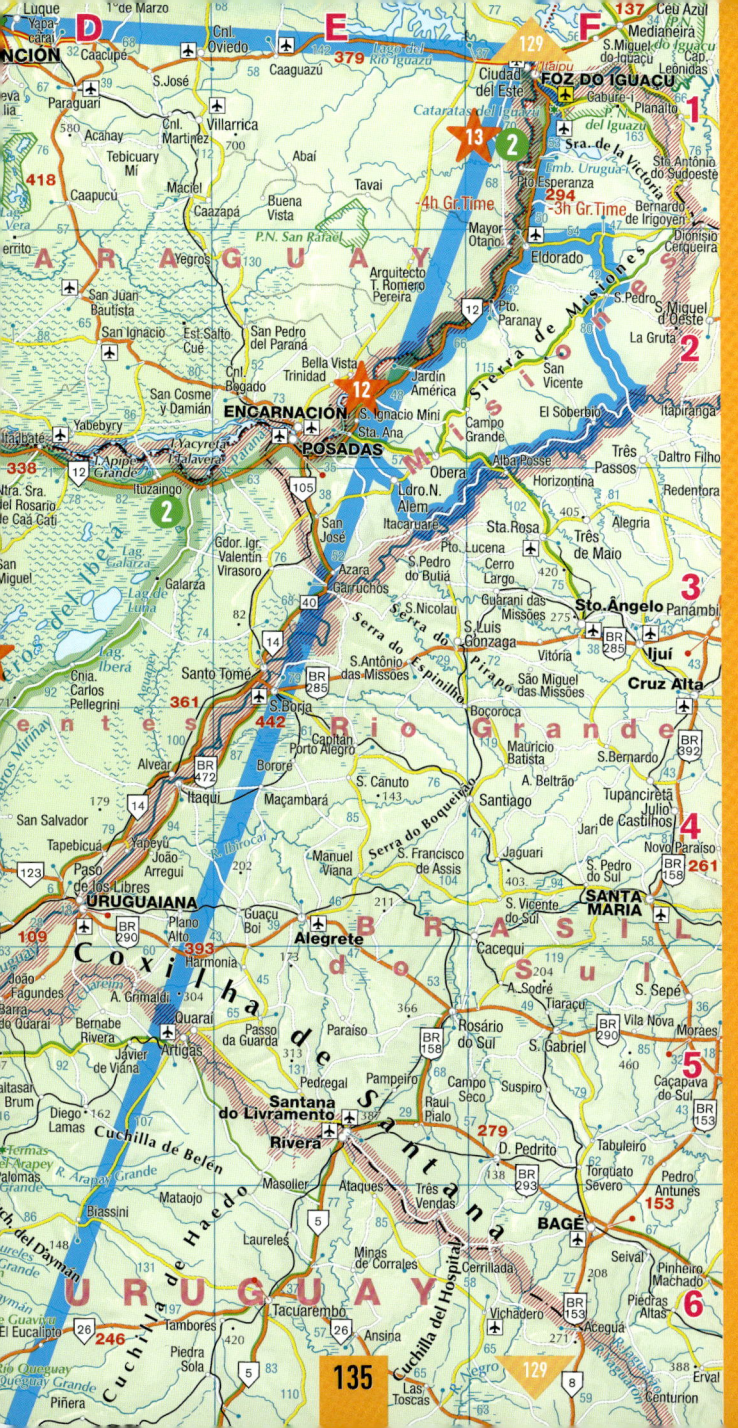

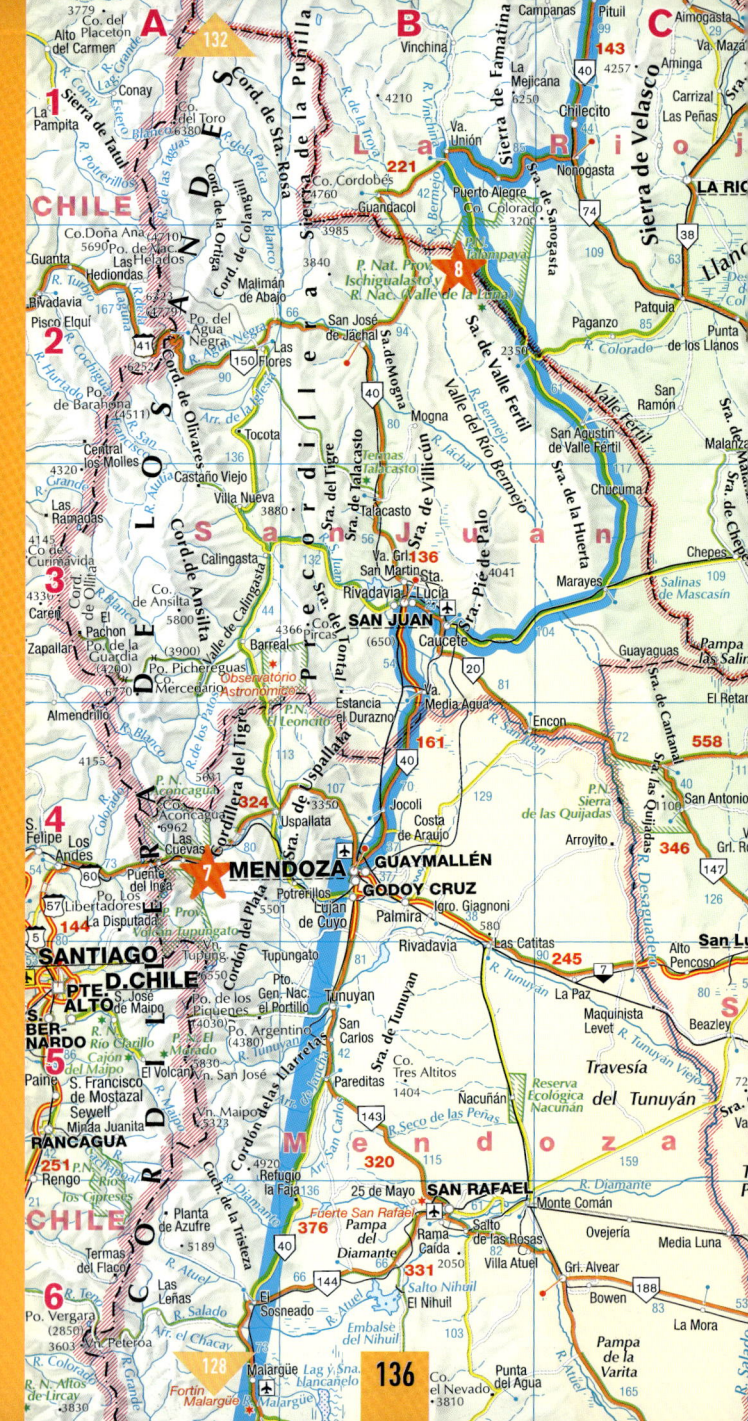

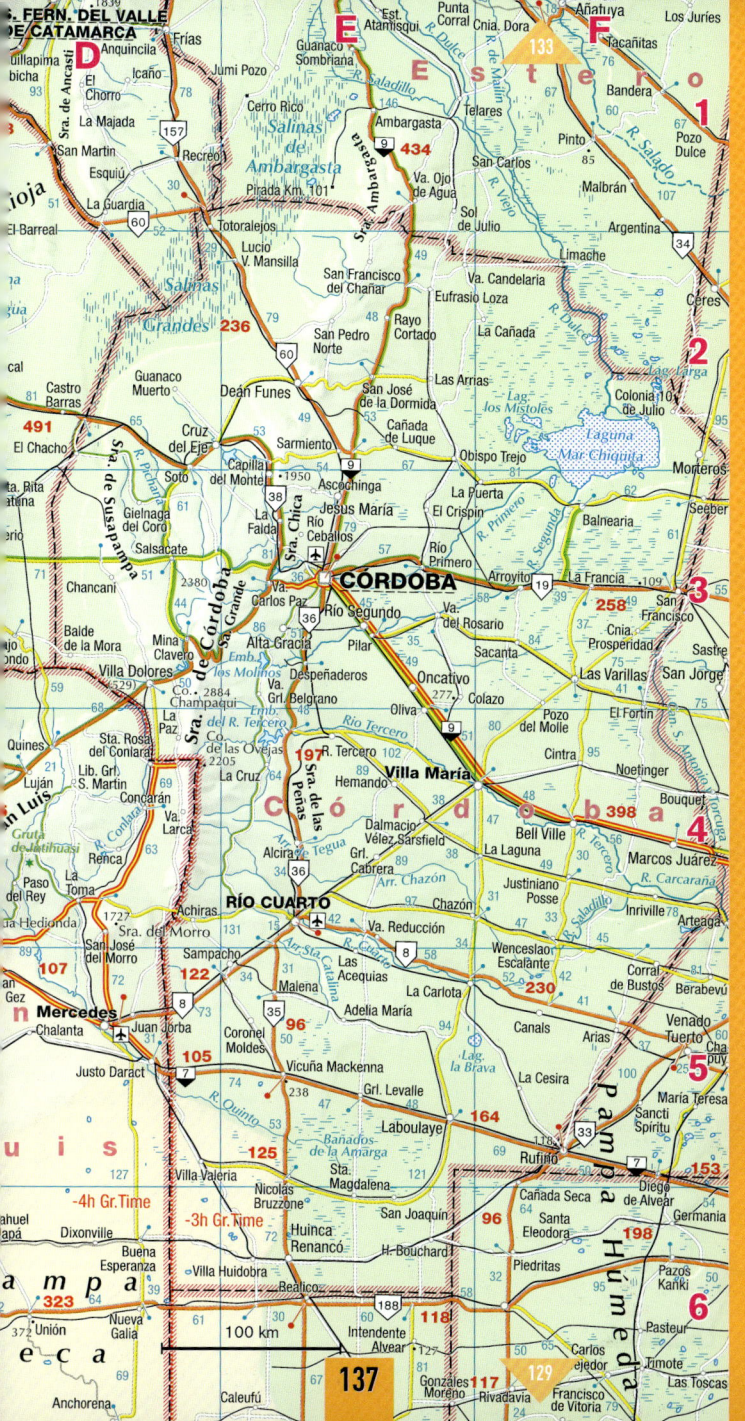

KARTENLEGENDE

German	Symbol	Portuguese / Spanish
Autobahn, mehrspurige Straße - in Bau Highway, multilane divided road - under construction		Auto-estrada, estrada com quatro ou mais faixas - em construção Autopista, carretera de más carriles - en construcción
Fernverkehrsstraße - in Bau Trunk road - under construction		Ruta de longa distância - em construção Ruta de larga distancia - en construcción
Hauptstraße Principal highway		Estrada regional Carretera principal
Nebenstraße Secondary road		Estrada secundária Carretera secundaria
Fahrweg, Piste Practicable road, track		Calçada, pista Camino vecinal, pista
Straßennummerierung Road numbering	13 BR 230 1	Numeração de estradas Numeración de carreteras
Entfernungen in Kilometer Distances in kilometers	259 130 129	Quilometragem Distancias en kilómetros
Höhe in Meter - Pass Height in meters - Pass	1365	Altura em metros - Desfiladeiro Altura en metros - Puerto de montaña
Eisenbahn - Eisenbahnfähre Railway - Railway ferry		Caminho-de-ferro - Comboios Ferrocarril - Transbordador para ferrocarriles
Autofähre - Schifffahrtslinie Car ferry - Shipping route		Batelões para automóveis - Linha de navegação Transbordador de automóviles - Ruta marítima
Wichtiger internationaler Flughafen - Flughafen Major international airport - Airport	✈ ✈	Aeroporto importante internacional - Aeroporto Aeropuerto importante internacional - Aeropuerto
Internationale Grenze - Provinzgrenze International boundary - Province boundary		Fronteira nacional - Fronteira provincial Frontera nacional - Frontera provincial
Unbestimmte Grenze Undefined boundary		Fronteira incerta Frontera indeterminada
Zeitzonengrenze Time zone boundary	-4h Greenwich Time -3h Greenwich Time	Limite de fuso horário Límite del huso horario
Hauptstadt eines souveränen Staates National capital	**BOGOTÁ**	Capital de país soberano Capital de un estado soberano
Hauptstadt eines Bundesstaates Federal capital	**Boa Vista**	Capital de estado Capital de estado
Sperrgebiet Restricted area		Área proibida Zona prohibida
Nationalpark National park		Parque nacional Parque nacional
Antikes Baudenkmal Ancient monument	∴	Construção da antiguidade Yacimiento arqueológico
Sehenswertes Kulturdenkmal Interesting cultural monument	✳ *Uxmal*	Monumento cultural de interesse Monumento cultural de interés
Sehenswertes Naturdenkmal Interesting natural monument	✳ *Agua Azul Cascades*	Monumento natural de interesse Monumento natural de interés
Brunnen Well		Poço Pozo
Ausflüge & Touren Excursions & tours		Excursões & voltas Excursiones & rutas
Perfekte Route Perfect route		Itinéraire idéal Ruta perfecta
MARCO POLO Highlight	★ 1	MARCO POLO Highlight

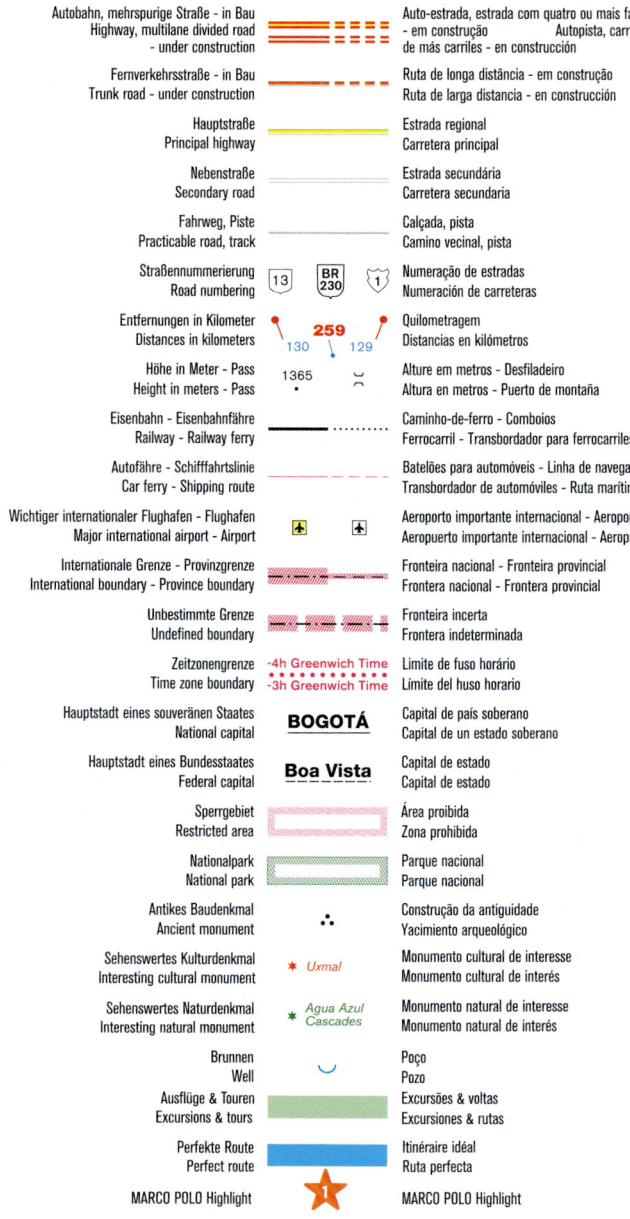

ALLE **MARCO POLO** REISEFÜHRER

REGISTER

Im Register sind alle in diesem Reiseführer erwähnten Orte und Ausflugsziele verzeichnet. Nationalparks finden Sie unter dem jeweiligen Namen des Parks. Gefettete Seitenzahlen verweisen auf den Haupteintrag.

SCHREIBEN SIE UNS!

SMS-Hotline: 0163 6 39 50 20

E-Mail: info@marcopolo.de

Egal, was Ihnen Tolles im Urlaub begegnet oder Ihnen auf der Seele brennt, lassen Sie es uns wissen! Ob Lob, Kritik oder Ihr ganz persönlicher Tipp – die MARCO POLO Redaktion freut sich auf Ihre Infos.
Wir setzen alles dran, Ihnen möglichst aktuelle Informationen mit auf die Reise zu geben. Dennoch schleichen sich manchmal Fehler ein – trotz gründlicher Recherche unserer Autoren/innen. Sie haben sicherlich Verständnis, dass der Verlag dafür keine Haftung übernehmen kann. Kontaktieren Sie uns per SMS, E-Mail oder Post!

MARCO POLO Redaktion
MAIRDUMONT
Postfach 31 51
73751 Ostfildern

IMPRESSUM
Titelbild: Estancia Colomé in der Provinz Salta (Laif: Le Figaro Magazine (Martin))
Fotos: Biketeam Radreisen (17 o.); DuMont Bildarchiv: González (59, 85); EOLO (16 u.); J. Garff (1 u.); Huber: Bernhart (104/105), Damm (3 M., 10/11, 78/79, 94/95); © iStockphoto.com: Tatiana Goydenko (16 o.), alexander mychko (17 u.), Jo Ann Tomaselli (16 M.); V. Janicke (28/29, 115); R. Jung (3 o., 3 u., 62/63, 68, 90/91, 126/127); Laif: Back (40), González (8, 18/19, 28, 50, 56, 64, 75, 86, 98/99, 101, 108/109, 110), Heeb (12/13, 27), Heidorn (107), Kristensen (2 M. u., 32/33, 39), Zanettini (34); Laif: Le Figaro Magazine (Martin) (1 o.); La Terra Magica: Lenz (4, 36, 96, 109); Look: Martini (20), Richter (82); mauritius images: age (110/111), Alamy (2 M. o., 9, 24/25, 26 r., 29, 30 r., 47, 53, 60, 77, 108, 111), Seba (2 u., 54/55), Warburton-Lee (48); mauritius images: imagebroker (Klappe r., 42), (Creativ Studio Heinemann) (26 l.), (GTW) (30 l.), (Prandl) (6); H. Stadler (Klappe l., 2 o., 5, 7, 15, 23, 45, 70, 72, 74, 80, 92, 102, 114 o., 114 u.); Vision 21 (67, 89)

11. Auflage 2013
Komplett überarbeitet und neu gestaltet
© MAIRDUMONT GmbH & Co. KG, Ostfildern
Chefredaktion: Michaela Lienemann (Konzept, Chefin vom Dienst), Marion Zorn (Konzept, Textchefin)
Autorin: Monika Schillat; Koautor: Juan Garff; Redaktion: Nikolai Michaelis
Verlagsredaktion: Anita Dahlinger, Ann-Katrin Kutzner, Nikolai Michaelis
Bildredaktion: Gabriele Forst; Im Trend: wunder media, München
Kartografie Reiseatlas: © MAIRDUMONT, Ostfildern; Kartografie Faltkarte: © MAIRDUMONT, Ostfildern
Innengestaltung: milchhof:atelier, Berlin; Titel, S. 1, Titel Faltkarte: factor product münchen
Sprachführer: in Zusammenarbeit mit Ernst Klett Sprachen GmbH, Stuttgart, Redaktion PONS Wörterbücher

BLOSS NICHT ☝

Was Sie in Argentinien besser meiden oder unterlassen

BARGELDLOS REISEN

So sicher man sich unterwegs auch fühlen mag ohne Bargeld: Im Süden kann diese Art des Reisens problematisch werden. In Feuerland und Patagonien verweigern Reiseagenturen, Gaststätten und Busunternehmer oft die Annahme von Kreditkarten und Reiseschecks. Hat man kein Bargeld parat, am besten Pesos oder Dollars in kleinen Scheinen, muss man warten, bis die Bank öffnet, und verliert so unter Umständen ein ganzes Wochenende. Im Trekkerparadies El Chaltén gibt es nur einen Bankautomaten, ganz zu schweigen von einer Bankfiliale.

KOKABLÄTTER UND DROGEN

Der Genuss von Kokatee und das Kauen von Kokablättern sind in den nordwestlichen Provinzen Tucumán, Salta und Jujuy schon lange Zeit gestattet, da sie Teil der Kultur der dort stark vertretenen indianischen Bevölkerung sind. Der Drogenkonsum ist jüngst vom Obersten Gerichtshof im ganzen Land für legal erklärt worden. Die Grenze zwischen Konsum und dem weiterhin streng verbotenen Handel wird aber von den Behörden oft sehr unklar gehandhabt.

NAHVERKEHR IN DER RUSHHOUR

In der Stoßzeit, den *horas pico* (werktags 7–9 und 18–20 Uhr), sollten Sie in Buenos Aires weder U-Bahnen noch Busse besteigen. Im Gedränge häufen sich Taschendiebstähle.

DEN FLUG ZU SPÄT RÜCKBESTÄTIGEN

Die Bestimmungen von Aerolíneas Argentinas sehen vor, dass Sie Ihren Weiter- und Rückflug spätestens 72 Stunden vor Abflug bestätigen. Anderenfalls kann Ihre Buchung gestrichen werden. Trotzdem ist es ratsam, in der Hochsaison frühzeitig am Flughafen zu sein.

WERTSACHEN IN DEN KOFFER

Videokameras und Fotoapparate gehören ins Handgepäck. Immer wieder kommt es bei Inlandsflügen zu Diebstählen aus den Koffern.

PER AUTOSTOPP DURCH PATAGONIEN REISEN

Per Anhalter zu reisen gestaltet sich in einem so riesigen und gleichzeitig so dünn besiedelten Land oftmals sehr anstrengend und zeitraubend. Besonders in Patagonien, das meist riesige Entfernungen zwischen den wenigen städtischen Zentren aufweist und ganz besonders dünn besiedelt ist, können Stunden vergehen, bis überhaupt einmal ein Fahrzeug vorbeikommt.

RÄUBERN WIDERSTAND LEISTEN

Bewaffnete Überfälle auf Touristen sind nicht üblich. Eher besteht das Risiko, Opfer von Taschendieben zu werden. Die größte Gefahr läuft man, wenn man versucht, Widerstand zu leisten, da es dann leicht zu Gewalttätigkeiten kommt.